La felicidad
aquí
y ahora

GIUSEPPE CLOZA

La felicidad aquí y ahora

Un viaje hacia el descubrimiento del budismo

EDICIONES OBELISCO

Si este libro le ha interesado y desea que le mantengamos informado
de nuestras publicaciones, escríbanos indicándonos qué temas son de su interés
(Astrología, Autoayuda, Ciencias Ocultas, Artes Marciales, Naturismo, Espiritualidad,
Tradición...) y gustosamente le complaceremos.

Puede consultar nuestro catálogo en www.edicionesobelisco.com

Colección Espiritualidad y Vida interior
La felicidad aquí y ahora
Giuseppe Cloza

1.ª edición: septiembre de 2022

Título *original*: *Felicità in questo mondo.*
Viaggio alla scoperta del buddismo e della felicità
Traducción: *Manuel Manzano*
Maquetación: *Marga Benavides*
Corrección: *M.ª Jesús Rodríguez*
Diseño de cubierta: *Carol Briceño*

© 2022, Giunti Editore, S.p.A., Firenze-Milano
www.giunti.it
(Reservados todos los derechos)
© 2022, Ediciones Obelisco, S. L.
(Reservados los derechos para la presente edición)

Edita: Ediciones Obelisco, S. L.
Collita, 23-25 Pol. Ind. Molí de la Bastida
08191 Rubí - Barcelona - España
Tel. 93 309 85 25
E-mail: info@edicionesobelisco.com

ISBN: 978-84-9111-908-1
Depósito Legal: B-13.407-2022

Impreso en los talleres gráficos de Romanyà/Valls S. A.
Verdaguer, 1 - 08786 Capellades - Barcelona

Printed in Spain

Reservados todos los derechos. Ninguna parte de esta publicación,
incluido el diseño de la cubierta, puede ser reproducida, almacenada,
transmitida o utilizada en manera alguna por ningún medio,
ya sea electrónico, químico, mecánico, óptico, de grabación
o electrográfico, sin el previo consentimiento por escrito del editor.
Diríjase a CEDRO (Centro Español de Derechos Reprográficos, www.cedro.org)
si necesita fotocopiar o escanear algún fragmento de esta obra.

AGRADECIMIENTOS

Como vuela el tiempo y la vida.

Este libro gira en torno a cuarenta años de mi vida: desde que, a los dieciséis, conocí el budismo en 1981, cuando lo escribí en 2001, hasta la publicación de esta nueva edición, veinte años después. Se dice que, mientras los recuerdos afloran a la superficie, todo lo que hemos hecho, dicho, visto, oído, queda grabado en nosotros en una memoria profunda, un lugar donde todo se conserva. Estoy convencido de que es así: más de una vez, en condiciones particulares de la mente, han aflorado en mi interior recuerdos claros y emociones que creía perdidas, en este correr rápido del tiempo, que es un poco como un sueño dentro de un sueño. Una gran representación con personajes e intérpretes, escenas, actos, intervalos, indicaciones, movimientos entre bastidores...

Tienes que perdonarme, pero realmente no sé cómo mencionar aquí a todos los intérpretes que me han ayudado y apoyado a lo largo de los años en algún tramo del camino. Hay tantos que algunos de ellos podrían escapar a mi memoria superficial. Pero el vínculo que hemos creado, aunque sea por poco tiempo, es algo que no se puede borrar. Es una vibración, una armonía que permanece dentro de ti, lista para reactivarse. De esta manera, con una chispa, nos reconocemos, nos encontramos inmediatamente, sin importar el tiempo transcurrido. Lo sabemos. Y yo lo agradezco: es una de las cosas buenas de la vida.

En particular, quiero darle las gracias a Sandro Morini, quien me introdujo al budismo, y a Daniele Pecori, quien me hizo continuar con mi práctica. A Marco Magrini, quien compartió conmigo el proyecto de este libro, ayudándome a concretarlo.

Doy las gracias a mis padres, Fabio y Elena, que siempre me han apoyado en mis elecciones (y no fue fácil...).

Doy las gracias a mis compañeros de viaje: Piero Sisti, Luigi Finocchiaro, Sandro Parrucci. Después de cuarenta años seguimos aquí, enfrentándonos para intentar aprender algo nuevo, para encontrar nuevos caminos, nuevos escenarios, nuevos actos. Para darle valor a esta carrera.

Gracias a Silvia Cipriani, que siempre me apoya detrás de escena.

Gracias a Ercole y Elena Caruso, sin los cuales, hoy, *La felicidad aquí y ahora* sería sólo un recuerdo.

Gracias a la gran familia del Grupo Giunti, que me acogió y me trató como si fuera uno más de la familia: Sergio Giunti, Bruno Mari, Roberto De Meo y Morgana Clinto, incomparable editora.

Gracias a Ewemade, mi esposa, quien cantaba sus himnos cristianos mientras yo escribía mi libro sobre budismo. Y después de veinte años de matrimonio (que han pasado volando, claro) seguimos queriendo cantar juntos.

Finalmente, quiero daros las gracias a cada uno de vosotros por haber leído este libro.

A todos os dedico estos años, estas páginas.

INTRODUCCIÓN

Lo más grande
que aprenderás nunca
es a amar
a cambio de ser amado.
(Eden Ahbez)

Todos queremos ser más felices. Nos esforzamos, pasamos mucho tiempo buscando la felicidad, la realización. Sólo que, muchas veces la buscamos en el lugar equivocado. Y así pasa el tiempo, pasa la vida. Con demasiada frecuencia discurre junto a nosotros mientras estamos ocupados haciendo otra cosa, pensando en otra cosa. Y entonces tal vez acabamos amargados, tristes.

Pero la felicidad no está en ninguna parte en particular.

El budismo explica que la *lifefulness*, la plenitud de la vida, se encuentra dentro de nosotros. Ya está ahí, incluso ahora. Lo que ocurre es que no la vemos; como no nos vemos las cejas, a pesar de que están tan cerca de los ojos. No la percibimos, porque no escuchamos.

Un concepto, este, que no es sólo prerrogativa del budismo. Por ejemplo, incluso en la Biblia Jesús dice: «El reino de los cielos está dentro de ti».[1]

Porque el infierno y el cielo finalmente se encuentran ante todo en nuestros corazones. La felicidad en el corazón es eterna, porque no depende del espacio ni del tiempo. Es absoluta, porque no depende de circunstancias externas.

Los sabios, los iluminados de todas las épocas siempre lo han sabido. Y puede que nosotros lo hayamos olvidado.

O bien no aceptamos la felicidad. A veces, simplemente no la queremos. Incluso sin saberlo, hacemos todo lo posible para mantenerla alejada, nos saboteamos a nosotros mismos.

Este libro nació para hablar sobre el budismo. Pero el budismo nació para hablar de la vida, de cómo afrontar los problemas, de cómo aceptar el hecho de que, inevitablemente, habrá sufrimiento… Son cosas que atañen a todos. Por lo tanto, no es necesario ser o convertirse en budista para hacer propios los principios y ponerlos en práctica en la vida cotidiana. No hay etiquetas que pegar. Y no importa

---

1. La Biblia, Lucas 17, 20-21. Las diversas traducciones de la Biblia informan «dentro de ti» o «en medio de vosotros». La Versión del Rey Jaime, la traducción al inglés por excelencia, y la Nueva Versión Internacional (que se basa en textos hebreos, arameos y griegos), dicen: «El reino de los cielos está dentro de ti». En italiano, la versión Nueva Diodati utiliza la misma frase, mientras que, por ejemplo, la versión de la Conferencia Episcopal Italiana dice «en medio de vosotros». Pero también en este caso, como explica el reconocido biblista cardenal arzobispo Gianfranco Ravasi: «La expresión griega *entòs hymôn*, «en medio de vosotros», también puede significar «dentro de vosotros», es decir, en la interioridad de las personas y en la intimidad de los corazones». www.famigliacristiana.it/blogpost/il-regno-di-dio-inmezzo-a-voi.aspx

qué escuela o corriente de pensamiento sigas. Porque lo que importa es lo que llevas dentro y no lo que profesas.

El secreto no es encontrar una manera milagrosa de no sufrir, sino afrontar el sufrimiento con el corazón ligero y una gran vitalidad, saliendo de las situaciones difíciles mejor que antes. Pensar que se puede evitar el sufrimiento es pura ilusión. Sin embargo, siempre buscamos ese camino.

El budismo, en cambio, explica que es posible realizar un «milagro»: puedes tener una vida plenamente feliz incluso en medio de los problemas: un ser humano en esta tierra, una persona que ríe, llora, se enfada, se enamora, se cae...

Como dijo Goethe: «He vivido una vida muy feliz, pero no recuerdo haberlo sentido así ni una sola semana seguida».

El budismo revela el misterio de cómo esto es posible para todos.

Pero, al final, ¿qué es lo que realmente importa?

Si supiera que me iré mañana, ¿qué significaría eso realmente para mí ahora?

Para mí, lo que importa es amar, ser amado, no tener remordimientos. Debemos comprometernos, trabajar para eso, porque todo lo demás pasa, se desvanece como un recuerdo que se escapa, aunque en el acto creas que nunca lo olvidarás; todo lo demás se desliza como una lágrima bajo la lluvia. Por eso, hace veinte años, escribí *La felicidad aquí y ahora*: quería que algo permaneciera. Quería ayudar.

Sólo en Italia, de este libro se han vendido casi dos millones de ejemplares y todavía aparece a menudo en las listas de los ensayos más leídos.

Es algo que no deja de asombrarme, me llena de alegría.

Lo mejor es que miles y miles de personas a lo largo de los años han comprado una gran cantidad de ejemplares y luego los han regalado a miles y miles de personas más. En una especie de torbellino, de efecto boca a boca, que se retroalimenta.

Aún hoy recibo mensajes de personas desconocidas que me dan las gracias. ¿Por qué? Tal vez por dar esperanza. Por haber abierto una pequeña ventana, por tranquilizar, aligerar.

Pero ¿qué es este libro?

Es simplemente una breve introducción al budismo de Nichiren, que trata de explicar en pocas palabras las bases de la filosofía de la vida universal y cómo ésta nos resulta útil en la vida cotidiana para vivir con vitalidad, para vivir plenamente y con satisfacción.

Hoy te la ofrezco en una nueva edición, revisada y actualizada.

Disfruta de la lectura.

PARA EMPEZAR

La primera vez que me hablaron de budismo no entendí mucho. Tal vez te pase a ti también. Pero no hay por qué preocuparse: al fin y al cabo es tan sólo una religión con 2500 años de historia, que se enfrenta al misterio de la vida. Un tema bastante complejo. Sí, la vida es algo verdaderamente misteriosa, incluso en los acontecimientos cotidianos. Los problemas nunca faltan: a veces nos sentimos cautivos a causa de situaciones desagradables; otras, tratamos de escapar de una realidad dura y complicada. En ocasiones, en cambio, tocamos el cielo con un dedo y todo se vuelve inmediatamente claro y resplandeciente. Nos sentimos fuertes: las tormentas no nos dan miedo; la alegría o la serenidad nos envuelven durante un instante. Pero luego nos dejamos llevar o abrumar por los sufrimientos que llegan inesperadamente; luchamos por mantenernos a flote, por perseguir un deseo, un sueño. Y luego todo comienza de nuevo.

El budismo nos ayuda a hacer frente a los problemas, a vivir una existencia plena y satisfactoria, aquí y ahora. Y sirve también para despojarnos de las corazas que enjaulan (¿jaulas que aprisionan?) nuestro ser, esas que muchas veces nos impiden encontrar un rol, una dimensión, un sentido en esta vida. Alguien objetará que bastaría con retirarse a una montaña en plácida meditación para sentirse en paz, pero la vida real y cotidiana es otra cosa, por supuesto.

El budismo enseñado por Nichiren Daishonin (pronunciado *Níchiren Daishónin*),[2] del que hablaremos, trata precisamente de la vida cotidiana. No es que falten temas más estrictamente espirituales, al contrario. Pero llegaremos allí poco a poco. A fin de cuentas, ¿qué querríamos conseguir todos? Una vida feliz. ¿A quién no le gustaría poder enfrentarse al día a día con ganas de sonreír?

Alegría, serenidad, paz, seguridad, bienestar: cosas que siempre se han perseguido, pero que muchas veces parecen escapar a nuestro control y perderse en el laberinto de las complicaciones cotidianas, en los pequeños y grandes dramas de la existencia. Pasan los milenios, avanza el progreso, pero los problemas fundamentales del género humano parecen inmutables, las grandes preguntas siempre son las mismas: ¿qué es la vida?, ¿qué es la muerte?, ¿dónde se encuentra la felicidad? La primera vez que hoy hablar de ello, me leyeron una frase de Daisaku Ikeda, líder del movimiento internacional que se ampara en las enseñanzas de Nichiren. Aunque ahora no recuerdo las palabras exactas, el concepto que me llamó la atención fue éste:

---

2. Nacido en 1222 en Japón, su verdadero nombre era Zennichi-maro. Tras largos años de estudio en diversos templos del país, en 1253 proclamó por primera vez su enseñanza. En esa ocasión cambió su nombre por el de Nichiren (Sol-Loto). El nombre honorífico Daishonin (el Gran Santo) o, según las escuelas de pensamiento, Shonin (el Sabio) le fue otorgado por sus discípulos más tarde.

El budismo aborda el misterio de la vida explicando la relación entre la inmensidad del cosmos y la profundidad del espíritu humano. Por lo tanto, se ocupa del potencial infinito del ser humano, proporcionando un medio para manifestarlo y luego utilizarlo para superar los sufrimientos de la vida.

Palabras fascinantes, pero por aquel entonces el concepto se me escapaba. El día a día ya es bastante duro: tener relaciones amorosas satisfactorias, conseguir un mínimo de solidez económica, enfrentarse a una enfermedad...

Y si una persona como yo trata de ampliar la mirada con demasiadas preguntas como: «¿qué hacemos en el Universo?», corre el riesgo de perderse.

Al parecer, un rayo de luz, lanzándose a la velocidad de 300 000 kilómetros por segundo, tardaría 15 000 millones de años en atravesar el Universo conocido. Y nosotros estamos ahí en medio, suspendidos, aferrados a esa mota de polvo que es la Tierra; girando como un trompo supersónico, a varios miles de kilómetros por hora. Cosas para no salir de casa nunca. Afortunadamente, no nos damos cuenta.

Muchas cosas se nos escapan porque nuestra mentalidad es así: los occidentales primero queremos entender con la cabeza. Tenemos que poner todas las cosas en su lugar. Preferimos la racionalidad a la sabiduría, la clasificación analítica a la intuición. Quizá por eso tengamos tantos científicos, pero ninguno de los fundadores de las grandes religiones nació en Occidente. Ningún Buda, en Noruega, Mahoma, en Alemania, Jesús, en Washington.

En definitiva, cuando hablamos de los misterios de la vida, si tratamos de explicar y comprender todo de inmediato, corremos el riesgo de atascarnos. Se pueden tardar años para empezar a poner orden en la interminable y fascinante teoría budista. Pero lo importante es que sólo se necesitan unos minutos para decidir probar en la práctica si funciona o no. Es difícil de creer sin experimentarlo. Así que, en parte por la insistencia de un amigo, y en parte por curiosidad, fui a esa reunión introductoria.

UN ENCUENTRO INTERESANTE

Esa noche la reunión comenzó con una especie de debate. Pero el escepticismo se apoderó de mí casi de inmediato. Es algo normal, ¿no?

«La teoría absolutamente revolucionaria que subyace en la práctica budista es que todo ser humano tiene un estado de vida iluminado, llamado budeidad, que tiende hacia el logro de la felicidad verdadera, profunda y absoluta, que va más allá de las circunstancias negativas que se pueden encontrar en el curso de la vida. Este estado nos permite afrontar y superar el sufrimiento, mediante la estimulación y el fortalecimiento de nuestras infinitas capacidades, que por momentos quedan latentes y que muchas veces ni siquiera creemos poseer».

Ante esas palabras me quedé un poco así... En mi opinión lo decían todo y nada. A fin de cuentas, continuamente escuchamos hablar sobre energías, potenciales, pensamiento positivo... Pero después de un tiempo entendí mejor lo que querían comunicarme.

El budismo de Nichiren es un medio para cumplir deseos, sueños, resolver problemas, superar el sufrimiento. Y para experimentarlo no hace falta huir de la dura realidad cotidiana y aislarse del mundo. No se requiere confiar en un ser superior. No hay reglas estrictas que cumplir, ni es necesario renunciar a la propia identidad. No se sugiere que haya que vestirse de una forma determinada. No hay que asistir a seminarios que debes pagar. No hace falta tener una predisposición particular, ni siquiera un bagaje cultural para intentarlo. Por otro lado, funciona para todos, actuando positivamente en nuestras vidas, con sus muchas dificultades que afrontar, y la multitud de pequeñas alegrías que muchas veces se nos van de las manos.

No, no es una fórmula mágica; es simplemente budismo, como lo explica Nichiren (un monje japonés del siglo XIII). Una práctica de la que todos pueden beneficiarse: los que se hunden en la desesperación, pero también los que se sienten bien; porque no hay límite para la mejora. Es una práctica que funciona para todos, porque la solución a cada problema está lista en nuestro propio interior. ¿Dónde está? En el potencial infinito del ser humano. Basta con tener los medios adecuados para manifestarlo. Este potencial no es más que la energía inagotable de la vida que entra y sale de nosotros; un océano interior de fuerza vital que genera y permea todos los fenómenos del Universo y del cual somos parte integral, células de un organismo vivo más complejo.

Así como todo ser humano puede obtener de sí mismo alegría, ira, tranquilidad, en respuesta a un estímulo adecuado, también puede recurrir a la fuente interior que es capaz de regenerar su espíritu y su cuerpo con una ola positiva y revitalizante. Una ola que, en consecuencia, se extenderá también a todos los aspectos de su vida diaria.

Para abrir esta puerta invisible dentro de nosotros basta con recitar *Nam myoho renge kyo* todos los días. Pero no es un hechizo o una práctica de meditación para autoconvencerse. Esta frase encarna la esencia del budismo, la Ley del Universo revelada por Buda en el *Sutra del Loto* hace 2 500 años.

En aquel encuentro, me vinieron a la mente una consideración y algunas preguntas: la idea que yo tenía antes del budismo era francamente un poco diferente. Consideraba que era una religión que establece estrictas reglas de comportamiento, al borde del ascetismo; y que, en algunos casos, conduce al alejamiento de la sociedad. Y con un clero, a semejanza de otras Iglesias, que desempeñaba la función de intermediario de una divinidad o era poseedor de una sabiduría superior. Pero aquí el asunto parecía completamente diferente. Cosa que no me importó.

Y ahora las preguntas:

1. ¿Quién es Buda y qué es el *Sutra del Loto*?
2. ¿Qué es la Ley del Universo?
3. ¿Qué significa *Nam myoho renge kyo*?

UN POCO DE HISTORIA

El budismo nació para responder a una necesidad de todos los seres humanos: cómo afrontar y superar el sufrimiento y vivir una existencia plena y satisfactoria. En la India, en el año 500 a. C., Siddhartha, después de años de investigación y meditación, finalmente entendió la causa del problema: los seres humanos sufren porque su visión de la realidad está distorsionada. Como resultado, sus propias acciones, sin saberlo, los llevan a la infelicidad. Se aventuran en el camino de la existencia como quien se mueve en la oscuridad, armados sólo con una pequeña vela que apenas ilumina lo que les rodea: todo un mundo de sombras, incertidumbres, miedos, traspiés, sufrimientos. Pero el hombre tiene la posibilidad de iluminar su camino. Entonces, aparece el término «Buda» («iluminado» en sánscrito).

Siddhartha (también llamado Shakyamuni, que significa «el sabio de los Shakyas», por el nombre de su pueblo) enseñó el camino para iluminar la propia existencia y vivir en armonía con el medio ambiente a lo largo de más de cuarenta años de doctrina. El *Sutra del Loto* es una de sus últimas enseñanzas. En él revela la existencia de una fuerza vital universal que genera, impregna y regula todos los fenómenos de la vida. Todo ser humano, dice, independientemente de la raza, la edad, el sexo, la cultura o la época en que viva, posee en sí mismo esta condición vital iluminada (definida como «budeidad», del término Buda, «iluminado»), así como en cada uno de nosotros existen otros estados vitales que se manifiestan en las diversas formas de la naturaleza humana (ira, codicia, alegría, sufrimiento, etc.).

La budeidad representa el potencial para el desarrollo de una energía positiva ilimitada que, bebiendo de la fuente inagotable de vida universal de la que el hombre es parte integral, tiende hacia un estado de felicidad, que permite la superación del sufrimiento humano y la compasión natural por los demás.

En el Japón del siglo XIII, en un país donde florecieron durante algún tiempo innumerables sectas, corrientes y escuelas de pensamiento budista, Nichiren (un joven monje con una particular vocación por el estudio) visita los principales templos para comprender a fondo sus diversas doctrinas. Después de quince años de investigación, llega a establecer un nuevo tipo de práctica, basado en las enseñanzas de Siddhartha Buddha y en las interpretaciones posteriores dadas por grandes eruditos y filósofos indios, chinos y japoneses.

Nichiren afirmó que la esencia de esta doctrina está contenida en la frase *Nam myoho renge kyo* (*Myoho renge kyo* es el título del *Sutra del Loto* en su versión china del año 406 d. C., generalmente reconocida como la más completa y autorizada de las muchas traducciones existentes).

La recitación de esta frase despierta gradualmente la propia naturaleza iluminada. Este despertar libera una energía positiva interna que te permite ver la realidad y, por lo tanto, experimentarla y enfrentarte a ella de una manera nueva. Un cambio de perspectiva que aporta efectos beneficiosos concretos en la vida cotidiana, dentro y fuera de nosotros.

La frase que se recita tiene el poder de llegar a algo profundo y desconocido dentro de nosotros, inalcanzable por el yo racional. El psicoanálisis habla del inconsciente, una dimensión profunda y misteriosa dentro de nosotros. También podríamos definirlo como «alma», sin ninguna implicación religiosa del término: un nivel (como dice el psicoanalista Carl G. Jung) en el que hablar de la extensión del espacio y del paso del tiempo no tiene sentido. Una dimensión muy vasta, que no se puede etiquetar con palabras, y donde se realizan cosas que consideramos imposibles. Pero ¿imposibles para quién? Para nuestra mente racional, que trabaja sin descanso para clasificar, definir, enmarcar: en definitiva, para poner límites.

LA LEY DEL UNIVERSO

Somos el Universo y el Universo está dentro de nosotros. La idea es esquiva. Difícil de entender con la mente racional. Imposible percibirla con los ojos. Hoy en día hay científicos que afirman que vemos, o mejor dicho, percibimos sólo una pequeña parte de la realidad en la que estamos inmersos. El astrofísico Carl Sagan, uno de los más grandes comunicadores científicos de nuestro tiempo, solía decir que vivimos nuestra vida diaria sin entender casi nada sobre el mundo.

En primer lugar, estamos inmersos en el Universo. Los telescopios más avanzados han descubierto hasta ahora 100 000 millones de galaxias. La nuestra (Vía Láctea) es una de ellas, y la luz tarda 100 000 años en ir de un extremo al otro, recorriendo la inconcebible distancia de 9 500 billones de kilómetros cada año. La Vía Láctea está compuesta por cientos de miles de millones de estrellas, incluido el Sol, que tarda 225 millones de años en completar una órbita completa alrededor del centro de la galaxia. La Tierra en la que vivimos es un punto que gira sobre sí mismo a miles de kilómetros por hora, deslizándose suavemente por el espacio. Después del Sol, la estrella más cercana a nosotros es

Alfa Centauri, que se encuentra a 40 850 millones de kilómetros.

Y aquí estamos con los pies en la tierra –hay que decirlo– porque una fuerza invisible (la gravedad) nos impide salir volando. Las profundidades insondables del inconsciente se nos escapan; la inmensidad infinita del espacio nos elude. Millones de pensamientos se precipitan como meteoritos dentro de nosotros: brillantes, claros, ligeros; y luego molestos como tormentas de arena, oscuros y dañinos como nubes de *smog*. Los recuerdos se depositan, se asientan, se estratifican, vuelven a la superficie. Miles de millones de células trabajan incesantemente en una armonía de complejidad inimaginable. Sólo para que los pulmones funcionen, se necesitan 300 millones de células. Si todos los vasos sanguíneos de un cuerpo humano pudieran alinearse, se extenderían 96 000 kilómetros, cubriendo el doble de la circunferencia de la Tierra.

En la región de lo invisible, las emociones crean tormentas, terremotos, inundaciones, amaneceres radiantes. A veces somos un atardecer lánguido, un cielo claro y majestuoso, una niebla melancólica. Otras, la noche cae dentro de nosotros. Nos sentimos tan vastos como el panorama de una montaña o tan estrechos como un túnel ciego. Ligeros como un soplo de brisa o pesados como una estrella de neutrones con 10 millones de toneladas por centímetro cúbico.

Una hora puede ser eterna; un año puede desaparecer en un instante. La angustia dilata el presente, la esperanza nos proyecta hacia el futuro. Nuestros ojos pueden ver el pasado: el sol ya se ha puesto hace unos minutos cuando lo vemos desaparecer en el horizonte.

Y el tiempo es relativo: se puede percibir de manera diferente, pero también puede fluir de diferentes modos según las situaciones, como explicó Einstein.

Miles de millones de vidas se entrelazan dentro y fuera de nosotros, atravesadas por energías invisibles. Una piedra es un enjambre de átomos. La composición química básica es la misma: estamos hechos de carbono, hidrógeno, oxígeno... como una flor, una mota de polvo, un planeta. Somos pedazos de estrellas contemplando las estrellas. El poeta William Blake escribió *en Augurios de inocencia*:

Ver un mundo en un grano de arena
y un cielo en una flor silvestre;
tener el infinito en la palma de tu mano
y la eternidad en una hora.

Lo que llamamos vida incluye el movimiento infinito de esta enorme extensión de espacio y tiempo, con su ciclo rítmico de nacimiento y muerte al que todos estamos sujetos: seres humanos, árboles, estrellas... Un movimiento que es transformación, vibración continua. La energía, la luz, el mar, los pensamientos, las órbitas de los planetas: hay un ritmo vital en la base de todo, música, sonido, armonía.

NAM MYOHO RENGE KYO

Se pronuncia «*Nam miojo rengue kió*». Nichiren afirmó que ésta es la Ley de la Vida, la fórmula esencial que encierra el ritmo del Universo; la energía pulsante y misteriosa que subyace en todos los fenómenos; la escurridiza esencia de la realidad. Recitar *Nam myoho renge kyo* nos pone en comunicación, en sintonía con todo, como un sonido que hace vibrar una cuerda escondida dentro de nosotros.

Nam proviene del sánscrito, el resto es chino clásico. Para una traducción completa se necesitaría todo un libro, porque cada uno de los caracteres que componen esta palabra tiene un profundo significado filosófico. Aquí nos basta mencionar que a grandes rasgos significa: «Entrar en armonía con la Ley del Universo a través del sonido».

En concreto, *nam* (o *namu*)[3] significa «dedicar», «ofrecer» la propia vida, «unirla» con el flujo rítmico armonioso de la energía vital universal.

---

3. La palabra proviene del sánscrito «*namo*» declinado en «*namaḥ*» (leemos «*namaha*») y en japonés se ha convertido en «*namu*». Hay diferentes escuelas de pensamiento, ya sea que se pronuncie *namu* completo o con la contrac-

Dos de los significados de *myo* son «abrir» y «revitalizar». Es decir, abrir nuestra vida, como una flor que finalmente recibe el agua y la luz para florecer. Al abrir esta puerta escondida dentro de nosotros y aprovechar la infinita energía revitalizante, podemos influir en positivo y también ayudar a los otros.

Ho es lo que se transforma, el fenómeno visible; *myo* es la fuerza invisible que subyace y genera la transformación.

Myoho representa el ciclo de la vida y la muerte, la eterna alternancia rítmica de lo visible e invisible, la fase manifiesta y latente de todo fenómeno; esa dimensión, ese funcionamiento regulado por una ley misteriosa, que va más allá de nuestra comprensión. Es el punto de partida del budismo: el ritmo misterioso del cambio constante de todas las cosas, de su impermanencia. El ciclo donde nada se destruye, pero todo se transforma: un pensamiento, una emoción, nosotros mismos, las olas del mar, las hojas de un árbol…

Nichiren escribe:

> Concebir la vida y la muerte como dos realidades separadas significa estar atrapado en la ilusión del nacimiento y la muerte. Es una forma de pensar engañosa e invertida. Cuando uno examina la naturaleza de la vida con perfecta iluminación, concluye que no hay un co-

---

ción fonética *nam*. En los documentos que nos han llegado no hay indicaciones específicas de Nichiren al respecto. Desde un punto de vista fonético, hay que decir que en el idioma japonés las vocales a menudo se vuelven mudas. Por ejemplo, la «u» entre dos consonantes (como en «Matsuda») prácticamente desaparece (convirtiéndose en «Mazda»). En particular, cuando se recita con cierto ritmo, *namu-myo* se convierte en *nam-myo*.

mienzo que marque el nacimiento y, por lo tanto, no hay un final que signifique la muerte. Así concebida, ¿no transciende la vida el nacimiento y la muerte? La vida no puede ser consumida por el fuego, ni puede ser abrumada por las inundaciones. No puede ser cortada por espadas ni atravesada por flechas. Puede permanecer dentro de una semilla de mostaza sin que se expanda o se contraiga la vida. Incluso si llena la inmensidad del espacio, no es demasiado grande y no es demasiado pequeña.[4]

Renge representa la simultaneidad de causa y efecto. El hecho de que lo que somos o lo que nos sucede es siempre

---

4. Frase publicada en: «La dichiarazione unanime dei Budda delle tre esistenze sulla classificazione degli insegnamenti e su quali di questi devono essere abbandonati e quali devono essere adottati» (La declaración unánime de los budas de las tres existencias sobre la clasificación de las enseñanzas y sobre cuáles de ellas deben abandonarse y cuáles deben adoptarse), *Raccolta degli scritti di Nichiren Daishonin* (Colección de escritos de Nichiren Daishonin), Vol. 2, Instituto Budista Italiano Soka

Gakkai, Florencia, 2013, pág. 793. Aquí se ha decidido mantener la traducción utilizada en ese momento, cuando el texto aún no estaba publicado en las colecciones oficiales en italiano. En aquellos años, las traducciones eran supervisadas en su mayoría por Amalia Miglionico (conocida por todos como Dadina), prácticamente la primera italiana en adherirse al budismo de Nichiren en la década de 1960. Con su conocimiento del idioma japonés y su actitud directa y pragmática, comparando los textos en el idioma original y luego las traducciones al inglés, fue capaz de construir frases y conceptos actuales e inmediatamente comprensibles en italiano, a veces intrincados, y en todo caso de un era arcaica y de un país lejano, con una cultura muy distinta a la nuestra. De esta forma, tal vez, esas traducciones no sean a veces etimológica o doctrinalmente perfectas, pero, en efecto, la esencia del mensaje llega de inmediato al corazón del lector.

atribuible a una causa que está en nuestro interior y que, precisamente por eso, podemos cambiar a mejor, una vez que disponemos de los medios adecuados. La vida está en nuestras manos, asegura el budismo. Creamos el «destino» al establecer continuamente causas que, tarde o temprano, regresan en forma de efectos (lo que el budismo llama *karma*). Esto significa que la solución a todos los problemas ya está lista dentro de nosotros. Como en una semilla ya están presentes todas las características de un gran árbol.

Kyo representa la urdimbre de un tejido. Un hilo que recorre la trama teje el complejo entramado de fenómenos vitales en el cosmos. Pero *Kyo* es ante todo el sonido, la vibración, la sinfonía de la vida universal. La música intangible que es capaz de generar energía, sensaciones, emociones concretas, felicidad.

EL SONIDO DE LA VIDA

En todas las épocas se ha atribuido al sonido un poder misterioso: el de dar energía. Son escasos los textos religiosos que no aluden al poder del sonido, y a menudo le confieren un carácter sagrado, un poder creativo. Es significativo que en algunos casos la física moderna hable precisamente de vibraciones que estarían en la base de los fenómenos. Hoy hablamos del Universo como una red dinámica de eventos interconectados e inseparables que se influencian entre sí, movidos por la misteriosa energía de la vibración.

«Infinitos significados derivan de una sola ley», dijo Siddhartha. De uno el todo. Una Ley, una energía primaria que genera todas las demás y está presente en todas ellas.

Myo es esta energía; *ho* son los fenómenos, los acontecimientos visibles; *renge* es la dinámica de su influencia mutua; *kyo* es el sonido, la vibración que se deshace, como hilos invisibles que entrelazan el tejido de la vida, como el hervidero de los cuantos de gravedad de los que habla la física cuántica. *Nam* significa «sintonizar», vibrar al unísono.

Al recitar *Nam myoho renge kyo* nos sintonizamos con todo eso, devolvemos la armonía a nuestro ritmo vital básico. Y el efecto se manifiesta concretamente en el cuerpo, en la mente, en los hechos concretos de la vida cotidiana. Porque nuestra existencia también forma parte de la red universal.

Somos parte del Universo: algo de nosotros ya estaba allí hace 14 000 millones de años en el momento del Big Bang, porque nada se crea y nada se destruye. Todo se transforma. La energía que mueve el Universo es una sinfonía ordenada y armoniosa, una red de melodías. El cosmos es un sonido. Un sonido que crea. Todos los fenómenos vibran. En este sentido, el hombre es sonido.

El oído es uno de los primeros sentidos que se desarrolla. El oído fetal comienza a formarse unos días después de la concepción y está completamente desarrollado en el cuarto mes. El bebé escucha y reacciona a los sonidos mucho antes de que se forme el cerebro. Su vida responde inmediatamente a las vibraciones.

El sonido tiene el poder de cambiar nuestras emociones, al igual que la música, por ejemplo. La vibración tiene el poder de crear e incluso destruir (como el ultrasonido que rompe los cálculos renales).

Las moléculas del cuerpo también vibran de manera continua, hay una danza dentro de nosotros que responde al son de la energía vital.

Los sonidos afectan a las secreciones hormonales (piensa en un despertador que te da un subidón estresante), pero también la respiración y la frecuencia cardíaca. Los sonidos pueden afectar a las emociones y las ondas cerebrales, transportándote a otro estado mental. La vibración correcta puede ponerte en resonancia (como un diapasón) con la energía de la vida universal, de todo el amor que hay, que también se esparce fuera de ti, como los círculos en el agua, influenciando positivamente incluso a quienes están a tu alrededor.

Nam myoho renge kyo es un sonido que tiene el poder de transformar.

DIFÍCIL DE CREER

¿Fascinante? ¿Aburrido? No, aburrido no. ¡Cuántas perplejidades, sin embargo! La explicación fue exigente y todavía no veía una conexión clara con mi vida, con mis problemas personales. ¿De qué sirve recitar *Nam myoho renge kyo*? ¿Por qué funciona? ¿Qué pone en marcha? ¿Cuáles son los efectos concretos? Todas ellas son preguntas que surgen espontáneamente cuando uno piensa en su vida cotidiana, aparentemente tan alejada de los mecanismos del Universo.

Es difícil creer que la recitación de una frase «misteriosa» pueda influir en la existencia, ayudar a resolver problemas, cumplir deseos. A menudo, sin embargo, el enfoque racional es engañoso: tendemos a pensar que algo no existe, o que no tiene un efecto concreto sobre nosotros, sólo porque somos incapaces de verlo o entenderlo racionalmente. Sin embargo, la vida cotidiana está llena de ejemplos que desmienten esto.

Un imán atrae el metal aunque no veamos el campo magnético que lo rodea y no conozcamos las leyes del magnetismo. ¿Y sabemos por qué cierto tipo de música (que no es más que vibración) nos proporciona alegría o nos anima, mientras que otra nos entristece? El hecho es que cantar *Nam myoho renge kyo* funciona lo creas o no, conozcas el significado o no, precisamente porque va más allá de la convicción mental. Actúa a un nivel más profundo: activa energías universales, que suelen estar latentes en nuestro interior.

El ser humano siempre ha permanecido firmemente unido a la Tierra aun cuando desconocía la existencia de la ley de la gravedad. Newton no la inventó, intuyó una Ley Universal que existía y funcionaba independientemente de su comprensión. Su «iluminación» sobre este fenómeno ha servido a la raza humana para utilizar esta Ley. Así que a Nichiren no se le ocurrió nada. Utilizó la inmensa sabiduría de las enseñanzas budistas para establecer un principio universal, una práctica válida para todos, sin importar la edad, la raza o la cultura.

En este preciso instante tus cabellos están creciendo, unos cuantos miles de células de tu cuerpo acaban de morir, otras nacen mientras el corazón late decenas de miles de veces al día. Todos los órganos funcionan en una armonía increíble, el alimento se modifica y «renace» en nosotros en forma de alimento; una miríada de pensamientos y recuerdos latentes, imágenes y emociones se arremolinan en algún lugar de nuestro interior.

Todo esto en una simple masa de carbono, oxígeno, hidrógeno, que son los elementos básicos de nuestro cuerpo; elementos comunes a todo el Universo: los mismos que los de un planeta o un árbol. Un individuo que pesa 70 kilos se compone de aproximadamente 44 kilos de oxígeno, 13 de carbono, 6 de hidrógeno, 3 de nitrógeno; y luego puñados de potasio, calcio, fósforo, azufre, hierro, hasta 0,007 gramos de oro. No hay diferencia entre el hierro de nuestra sangre y el de una cacerola. Entonces, ¿qué es aquello que diferencia las cosas? En el origen de esta maravilla, de este ritmo armonioso, está la fuerza vital universal, la Ley de la Vida en el Universo: *Nam myoho renge kyo*.

¿Qué hay de racional en todo esto? ¿Hasta dónde puede llegar el entendimiento antes de detenerse ante el misterio de la vida? Sin embargo, a menudo actuamos así, decimos: «Primero tengo que entender. ¡Algo que no entiendo no puede funcionar! Así, que no me lo creo». ¿Qué le diríamos a un ciego que afirma que los colores no existen porque sus ojos no los ven?

Si fuéramos realmente consecuentes con esta actitud, es probable que regresáramos a la Edad de Piedra: ¿cuántos de nosotros podemos decir que hemos captado la esencia de cómo funcionan las cosas que utilizamos todos los días? De un medicamento sólo necesitamos saber que es el adecuado y que tendrá un efecto beneficioso. No nos preguntamos por qué funciona. Ni siquiera cómo funciona. Todos los días giramos la llave del contacto y viajamos en nuestro coche, sin darnos cuenta de la verdadera razón por la que giran las ruedas. Y quién sabe por qué, al pulsar un interruptor, aparecen imágenes parlantes en una caja de plástico...

Sin embargo, hacemos uso de estas cosas todos los días, porque hemos comprobado que al presionar el interruptor se enciende la luz que ilumina una habitación y nos permite ver. Simplemente probamos, verificamos sin detenernos en la teoría, sin perdernos en el laberinto de un tratado de física; sin desmontar la radio pieza a pieza para ver dónde se esconde la música.

Nichiren escribió en 1255:

Mirando nuestra mente en cada momento, no percibimos ni el color ni la forma para verificar que existe. Sin embargo, ni siquiera podemos decir que no existe, ya que surgen muchos pensamientos diferentes durante todo el tiempo. No podemos asumir que la mente existe ni que no existe. Es una realidad esquiva que transciende tanto las palabras como los conceptos de existencia y no existencia.[5]

---

5. «Il conseguimento della Buddità in questa esistenza» (El Logro de la budeidad en esta existencia), *Raccolta degli scritti di Nichiren Daishonin* (Colección de Escritos de Nichiren Daishonin), Vol. 1, Instituto Budista Italiano Soka Gakkai, Florencia, 2008, pág. 4. Muchos manuscritos originales de Nichiren han sobrevivido. En otros casos fueron transmitidos por los discípulos que los copiaron, o los transmitieron oralmente y los transcribieron mucho más tarde. Tal como sucedió con innumerables textos sagrados del pasado, incluidos los *sutras*, donde lo que más importa y da valor al texto es su adherencia a la enseñanza y su eficacia para facilitar la comprensión. Todavía está abierto el debate entre los estudiosos y las diversas escuelas doctrinales para establecer cuáles, entre los textos no holográficos, son los escritos de origen directo o indirecto de Nichiren. Hay varias colecciones de estos escritos en el idioma japonés. El más conocido y difundido es sin duda el editado y publicado en 1952 por Soka Gakkai, luego traducido al inglés, *The Major Writings of Nichiren Daishonin* (Los principales escritos de Nichiren Daishonin), y luego a muchos otros idiomas, incluido el italiano. La colección incluye textos que derivan de manuscritos holográficos (alrededor de 170 de poco más de 400), pero también textos transcritos por los discípulos y textos atribuidos a Nichiren pero cuyo origen no es seguro. El texto citado aquí entra en la última categoría. Para un examen detallado del tema ver Luigi Finocchiaro: *The Catalogue of Nichiren's Writings* (Catálogo de los escritos de Nichiren), The Nichiren Mandala Study Workshop (Taller de estudio del mandala de Nichiren), Tokio, 2018.

Nam myoho renge kyo encarna milenios de investigación, estudios, meditaciones, percepciones. Y al mismo tiempo es fácil de «utilizar». Es un poco como la tecnología: cuanto más avanzada y sofisticada se vuelve, más fácil y accesible es. Hoy basta un clic en el ordenador para poner en marcha mecanismos de complejidad inimaginable para un profano. Así que, veamos qué se pone en marcha cuando recitamos esta oración.

LOS TRES MIL MUNDOS

La teoría budista habla de 3000 condiciones posibles en cualquier momento. Una frase que te deja un poco boquiabierto.

«¿Qué significa eso?», pregunté.

La «red de la vida», de las influencias mutuas, de las relaciones causa-efecto (dentro y fuera de nosotros) es tan vasta que todo es siempre posible. Para una condición que nos parece estática e inmutable (por ejemplo, un problema que crea sufrimiento), en realidad, hay miríadas de soluciones listas para manifestarse. Tranquilizador, ¿no? La vida está hecha de momentos que se suceden, pero la mente tiende a limitar las posibilidades latentes: no ve el ejército de soluciones y cambios listo ahora para el instante siguiente.

Cuando falta la esperanza, gana el miedo. Una visión estrecha del potencial de la vida puede bloquearlo todo y encarcelarnos. Pero, como dice el refrán: «El miedo llamó a la puerta, la Esperanza fue a abrir: no había nadie».

Después de todo, si lo piensas bien, el momento presente contiene los efectos del pasado y las causas del futuro. En el nivel infinitesimal, o mejor dicho, vital, hay una simultaneidad. Es como si dijera que una cosa, un hecho, un acontecimiento, ya contiene en sí mismo a todos los demás. Todas las posibilidades están listas. Es todo un poco complicado, lo admito.

Un avión corre por la pista, con las ruedas firmemente unidas al suelo. Un momento después vuela. La diferencia ocurre en un instante. Hay un instante en que el cambio está listo, incluso antes de que se vea: el presente ya es el futuro; el vuelo está listo y, al mismo tiempo, tiene lugar. El budismo explica que todos los instantes de la vida tienen este potencial: un deseo trae consigo su realización, un problema, su solución; un sufrimiento, alegría. El presente, que nos parece estático, es en realidad un enjambre dinámico de posibilidades futuras. Una visión revolucionaria que te permite afrontar la vida con confianza. Pero no es una esperanza fatalista vacía. Más bien, es una fe profunda, sostenida por la experiencia práctica y racional. Es la creencia de que todo, siempre, puede cambiar. Ahora.

He aquí el significado del poema de William Blake: «Ver un mundo en un grano de arena...». Ésta es la visión iluminada del budismo: encontrar toda la vida en un instante. Y en un grano de arena. Y el mundo entero en un instante. Y el Universo en una sola vida.

Como las olas del mar, que son generadas por una corriente profunda, poderosa e invisible, así todos los fenómenos de la existencia, aunque diferentes entre sí, tienen una sustancia común, innata en ellos. Si se llega a «reconocer» y activar este nivel fundamental (la corriente profunda), es posible influir, cambiar cualquier cosa (las olas en la superficie). La corriente profunda es la Ley del Universo, el ritmo de vida que fluye dentro de cada individuo: *Nam myoho renge kyo*. ¿Recuerdas su significado, explicado anteriormente? «*Ho* es lo que se transforma, el fenómeno visible; *myo* es la fuerza invisible que subyace y genera la transformación…».

Al recitar esta frase, uno atrae el flujo de la fuerza vital universal. Por esta razón, todos tenemos ya el potencial para cambiar nuestras vidas. Tres mil posibilidades en cualquier momento. Este número no es aleatorio, proviene de… una multiplicación.

LOS DIEZ MUNDOS

Todos los seres humanos, independientemente de sus condiciones (raza, cultura, país) tienen una cosa en común: estados de ánimo, emociones. En todos los lugares del mundo hay ira, alegría, angustia, tranquilidad... La palabra de un ser querido puede llevarnos al éxtasis o hundirnos en la desesperación; una frase del director de la oficina desata la ira; una foto nos conmueve; un libro nos relaja; un atasco de tráfico nos pone nerviosos. Palabras, sonidos, imágenes..., una infinidad de estímulos provoca la continua sucesión de estados de ánimo. Éstos, a su vez, se mueven, influyen en nuestros pensamientos, acciones, en la relación con los demás, con la realidad externa... La energía de los estados de ánimo determina el tipo de enfoque de la vida, de los problemas cotidianos. La angustia hace que todo sea intenso y difícil: «lo ves todo negro». La alegría tiene el poder de «iluminar»; la preocupación constante puede provocar gastritis.

El poder de *Nam myoho renge kyo* es influir y cambiar el estado de ánimo interior, creando así un efecto concreto en nosotros mismos y en cuanto nos rodea. Actuar infunde energía positiva. Los pensamientos, el punto de vista, los sentimientos cambian. El peso de los problemas cambia porque cambiamos por dentro. Cuando algo que parece enorme y opresivo se vuelve pequeño y liviano, es más fácil manejarlo, superarlo, deshacerse de ello, encontrar una solución, ir más allá.

«Dadme un ejemplo concreto», pedí.

Supongamos que uno tiene que levantar un peso, como una mesa, por ejemplo. Si no puede, dirá que es demasiado pesado. Entonces, pensará que no puede hacerlo. Pero quizá también se podría decir que, en realidad, él no es lo suficientemente fuerte. El verdadero problema no es el peso de la mesa, sino la fuerza de quienes no pueden levantarla. Cuántas veces, ante los obstáculos de la vida, uno se siente impotente, inadecuado, piensa que no hay solución. ¿Será realmente así? ¿En verdad, son impedimentos insuperables?

El budismo de Nichiren no pretende aislar a las personas de la vida cotidiana para buscar una tranquilidad idealista. Por el contrario, les permite cruzar y afrontar el camino de la vida de una manera diferente, desarrollando una potencialidad interior escondida en todo ser humano, llamada budeidad. El secreto no es tratar de no tener problemas, sino aprender a vivir bien entre ellos. Un mar embravecido será una pesadilla para los que no saben nadar, pero no preocupa lo más mínimo a los que van sobre la tabla de surf. Los estados de ánimo pueden clasificarse en diez amplias categorías llamadas los Diez Mundos. Veámoslos:

1. **Infierno.** Una condición en la que uno se siente ansioso, sin energía, sin esperanza. El tiempo pasa lentamente; el

espacio parece encogerse de manera opresiva, impidiéndonos ver más allá de nosotros mismos. Existe la sensación de que esta condición oscura durará para siempre.

2. **Codicia.** Cuando estás literalmente dominado por los deseos. La vida se convierte en una lucha constante por conseguir algo. Y para hacerlo, uno puede estar dispuesto a pasar por alto todo y a todos. Pero una vez obtenida, la satisfacción es breve: aparece inmediatamente un nuevo deseo. Y la persecución continúa en un torbellino de voracidad.
3. **Animalidad.** El instinto prevalece sobre la razón, sobre la conciencia, sobre el amor. Es la ley de la jungla, donde el pensamiento racional no tiene cabida en las elecciones y acciones. Por eso también se le llama el Mundo de la Estupidez.
4. **Ira.** El conflicto. Querer prevalecer con agresión para enmascarar las propias debilidades. Pretender que el mundo y todos los demás son como nos gustaría que fueran. Vencer con arrogancia cuando te inflas como un frágil globo.
5. **Tranquilidad.** Una condición equilibrada donde la calma, el sentido común, el autocontrol encuentran espacio. A menudo, sin embargo, se convierte en pasividad: el deseo de «mantener la calma» como una forma sutil de cierre. Un desprecio por el mundo exterior disfrazado de sabiduría formal.
6. **Éxtasis.** Alegría, satisfacción y ligereza que generalmente derivan del cumplimiento de un deseo. Pero es un estado efímero, porque siempre depende de algo externo. Y cuando falla la causa del éxtasis, el camino a la angustia es corto.

Interrumpí esta lista teórica de estados de ánimo porque me estaba perdiendo. ¿Adónde quería ir? Necesitaba un ejemplo. Y lo pedí.

Estos primeros seis «mundos» son aquellos en los que en general se vive la mayor parte de la vida cotidiana, en una sucesión continua de uno a otro. Ejemplo: una persona se despierta por la mañana. Ha pasado una noche tranquila en su cómoda cama (tranquilidad). Pero inmediatamente viene el pensamiento de la rutina de los atascos del tráfico y de que llegará tarde al trabajo que lo oprime (infierno). Pero ahora siente hambre: la animalidad (en este caso un instinto natural) se hace cargo y el infierno «desaparece» momentáneamente. Suena el teléfono: la invitan a pasar el fin de semana en un lugar fantástico. El éxtasis barre todo lo demás. Una vez en el coche, un automovilista se le cruza y ella no puede contener un gesto ofensivo (otra vez animalidad). Los dos paran y empiezan a discutir (ira). En la oficina está ese desagradable colega que quiere medrar a toda costa. Aquí está la envidia, la determinación de hacer lo que sea necesario para vencer al colega.

La dinámica de los Diez Mundos es aparecer y desaparecer como resultado de un estímulo. Al cambiar el estímulo, el estado de ánimo cambia. Si la persona ha tenido una pesadilla despertará en el estado de infierno en lugar del de tranquilidad. Si le gusta el trabajo, la idea de ir allí le traerá tranquilidad. Si la llamada proviene de una persona no deseada no habrá éxtasis pero… Y así sucesivamente.

Rara vez somos capaces de controlar o dirigir esta dinámica: con mucha más frecuencia somos lanzados de un mundo a otro como pelotas de ping-pong. Casi parece que el entorno, todo lo que nos rodea, conspira para enviarnos aquí y allá, bombardeándonos con estímulos a los que obedecemos obedientemente. Pero los estados de ánimo resultantes luego influyen en los pensamientos, que a su vez se materializan en palabras y acciones. Y así, a menudo, sin saberlo, creamos nuestro propio destino con la misma libertad, el mismo espacio para maniobrar que un títere.

En particular, los mundos de la animalidad (o estupidez), de la avaricia y de la ira son llamados los Tres Venenos: cuando están fuera de control envenenan literalmente la existencia, entrelazándose y alimentándose unos de otros. Con resultados desastrosos. Una palabra de enojo, una reacción instintiva de «animalidad», puede arruinar años de buenas acciones en un instante.

La ira impulsa a los seres humanos a ir a la guerra; la codicia lleva a la explotación indiscriminada, a aplastar a otros, a pisotear los derechos humanos; la estupidez impulsa a la destrucción del medio ambiente, que finalmente aniquila a los propios destructores. Los hombres dominados por los Tres Venenos se comportan, a nivel global, como una célula cancerosa en el complejo organismo de la Tierra: loca, ciega, voraz, destruye todo y a todos, incluido el organismo que la alberga.

Una imagen interesante. Pero en este punto pregunté qué pasaba con los otros mundos. Faltaban cuatro.

7. **Estudio.** El espíritu de investigación, el deseo de aprender, de comprender. La introspección. La conciencia de tener que hacer un esfuerzo para cambiar una situación, para progresar.

8. **Iluminación parcial.** Un destello creativo que surge de repente, quizá después de largos años de estudio, iluminando un área específica de la vida: un científico que hace un nuevo descubrimiento; un músico que compone una obra maestra de una sola vez. Pero incluso en la vida cotidiana hay iluminaciones parciales: una intuición súbita, la solución a un problema que surge repentinamente en la mente después de largas e infructuosas luchas.

A diferencia de los primeros seis mundos, el estudio y la iluminación parcial no surgen simplemente como resultado de estímulos externos. No vienen solos, hay que «buscarlos». Además, quien a menudo vive en estas condiciones corre el riesgo de volverse arrogante, y de considerarse superior a los demás, de enamorarse del poder. Cuando estos dos mundos están al servicio de los Tres Venenos, el resultado es diabólico.

«Esperad un minuto. ¿Qué significa "al servicio de los Tres Venenos"?». El asunto empezaba a complicarse. Ni siquiera habían terminado de explicar los Diez Mundos que ya se abría otro escenario: «¿Pueden, entonces, entrelazarse los estados de ánimo, o mejor dicho, influirse unos a otros?».

Sí, en el sentido de que el propio mundo del estudio puede depender del empuje de una energía positiva o negativa, oscura o iluminada. El científico que estudia para mejorar la calidad de vida es muy diferente del que estudia para construir armas que destruyen la vida. La ira también puede ser positiva y beneficiosa... Pero es un tema al que llegaremos en breve, cuando hablemos de los Cien Mundos. ¿Recuerdas el concepto de «Tres mil Mundos en un instante» explicado hace un rato? Habíamos dicho que el número no era aleatorio, sino que se derivaba de una multiplicación. Todavía tenemos que llegar al punto 10, pero pronto los mundos… se multiplicarán.

9. **Bodhisattva.** Una compasión sincera y desinteresada por los demás. No una piedad seca y pasiva, sino una energía activa. «*Bodhi*» significa «sabiduría»; «*Sattva*», «coraje». El Bodhisattva es una persona valiosa que tiene el coraje de superar sus propias limitaciones. Hace espacio en su corazón para compartir el sufrimiento de quienes lo rodean. Lucha con ellos para vencerlo. Renuncia a algo de sí mismo, por ejemplo un poco de su tiempo, para dedicarse a los demás, sin segundas intenciones. Es una renuncia que trae alegría. No hay nada ascético.

   Pero el egoísmo siempre acecha en estos nueve mundos. Incluso el amor de la madre puede convertirse en un apego dañino: cubre al niño de atenciones con el objetivo de mantenerlo apegado a sí misma, no para hacerlo libre e independiente. En realidad actúa así, quizá sin saberlo, sólo para posponer su sufrimiento personal derivado del desapego.

   La compasión no significa decirle a los demás qué hacer, suponiendo que sepas lo correcto para cada uno. No significa imponerse, hacer a los demás como nos gustaría que fueran. Esta aparente entrega a los demás esconde el deseo de ejercer el poder. La verdadera compasión es ayudar a una persona a liberarse del sufrimiento, respetándola por lo que es.

Sólo el décimo mundo es puro, no contaminado por energías negativas:

10. **Budeidad.** Es la fuerza vital que fluye en cada ser humano, como un río subterráneo, que hace fértil la tierra en la superficie. Poner en primer plano este estado de ánimo significa llenarse de felicidad, calmarse, sintonizarse con la armonía de la vida universal. Es una energía interior que nutre el potencial infinito del individuo: lo despierta, le da vida, lo hace crecer. Y todos los miedos que encadenan la existencia se desvanecen como el rocío al sol. Esta alegría es indestructible, porque es absoluta y no relativa: es decir, no depende de factores externos, que pueden fallar en cualquier momento. Con tal condición interior, son los problemas los que se relativizan, las dificultades y los sufrimientos que no se pueden superar. La budeidad te libera de los miedos y las ilusiones, que son las principales causas del sufrimiento. Eres libre porque no tienes nada que perder, ligero porque estás lleno de fuerza vital y esperanza; puro porque finalmente eres tú mismo, tal como eres. Feliz porque ves la realidad con otros ojos.

Esta última frase me impactó. Ver la realidad con otros ojos significa vivir y actuar de manera diferente. Cuando uno está angustiado, todo lo ve negro; si está alegre, todo se vuelve rosa; cuando está enojado, ve enemigos a su alrededor incluso donde no los hay... La visión de las cosas guía nuestras acciones. Visión incorrecta, ilusoria: acciones incorrectas, errores, sufrimiento. Es como moverse en la penumbra de una habitación desconocida, chocando aquí y allá.

«¿Es éste el significado?», pregunté.

«Es mucho más», respondieron.

El gran compositor Gustav Mahler trató de plasmar en música, en el tercer movimiento de la *Segunda Sinfonía*, lo que llamó «El movimiento incesante y el incomprensible bullicio de la vida».

«Como figuras danzando en un salón de baile hacia donde miras desde la oscuridad de la noche en la distancia..., la vida puede parecer sin sentido...».[6]

Las figuras son demasiado pequeñas para poder distinguirlas individualmente. Los gestos parecen desconectados, casuales, confusos. Los débiles sonidos que vienen han perdido todo significado.

Así, influidos por los estados de ánimo, a menudo nos movemos en la vida cotidiana con esta visión lejana, confusa, borrosa. La energía positiva de la budeidad ilumina la escena. Nos lleva, para citar a Mahler, dentro de la habitación, permitiéndonos ver claramente, captar los detalles, las relaciones entre las cosas; para captar el significado, más allá de las apariencias. Es una sabiduría profunda que te permite moverte en la dirección correcta. Una brújula hacia la felicidad.

Este budismo afirma que todo ser humano posee los Diez Mundos, incluida la budeidad, aunque a simple vista no lo parezca. Pero el peor sinvergüenza sin corazón puede

6. Gustav Mahler, carta a Max Marschalk.

sentir amor por los niños; y la persona más plácida y equilibrada a veces puede ponerse furiosa. Cada uno de los Diez Mundos se activa en respuesta a un estímulo apropiado. Para activar la budeidad, uno debe cantar *Nam myoho renge kyo*.

¿POR QUÉ *NAM MYOHO RENGE KYO*?

...¿Y no otra frase? Hablar y repetir palabras incomprensibles me parecía una forma de manifestar confianza en mí mismo. Si es una oración, básicamente es suficiente para orar, aunque también pueda hacerse de otras maneras.

Lo importante es buscar dentro de ti mismo... o tratar de pensar en positivo. Además, no me gusta mucho la idea de depender de algo y mucho menos de una oración. Estos pensamientos se arremolinaron en mi cabeza.

Volví a expresar mis dudas.

¿Por qué exactamente esa frase? Porque la budeidad responde a un estímulo, como una madre que reconoce el llanto de su hijo entre mil niños. ¿Qué ocurre? Incluso una lavadora necesita que se presione el botón exacto para que funcione correctamente. Y no es cuestión de convencerse mentalmente. Intenta convencerte de que no te electrocutarás si metes los dedos en un enchufe: la electricidad fluye aunque no quieras creerlo. Las leyes que gobiernan cómo funciona no dependen de tu mente. Y funcionan incluso si no conoces su significado. Cuando uno tiene dolor de cabeza, no puede tomar un laxante. Así, para activar precisamente la parte profunda llamada budeidad, no basta con orar o meditar al azar. No basta con el gesto genérico de tomar un medicamento: se necesita el adecuado. Un bebé recién nacido ya tiene el potencial dentro de él para hablar, leer, escribir. Pero eso sólo se desarrolla si existen los estímulos adecuados: padres, profesores... Si crece entre lobos, sólo aprenderá a aullar.

La búsqueda espiritual debe ir más allá del yo racional, que es como la punta del iceberg del vasto mundo interior: sólo se ve una parte muy pequeña de él. Además, es la mente la que se ve afectada por los Diez Mundos y no al revés. Pero la cultura moderna ha privilegiado durante mucho tiempo la punta del iceberg, y ha descuidado su inmensa base en las profundidades. Y, a medida que la sociedad avanza, una sensación de malestar parece fluir por debajo, como un susurro molesto: falta algo. En particular, los países industrializados parecen haber favorecido el crecimiento económico, tecnológico y científico. Pero tal vez han olvidado por el camino el «crecimiento humano», el desarrollo interior del alma, del espíritu, de la energía vital, de la esperanza. No parece casualidad que fenómenos como el estrés, el agotamiento, la ansiedad, los sentimientos de inadecuación y la depresión vayan en aumento.

La naturaleza inmensa y profunda de la vida no tiene límites. Es la mente la que los pone con sus mecanismos, aprisionándonos en una tormenta de arena, donde uno no puede ver más allá de sus narices. La realidad que creemos que existe es sólo la punta del iceberg. James Hillman (psicoanalista y escritor) habla del «alma» como una fuerza intrínseca que «trabaja incesantemente en nuestra existencia», que va más allá de los aspectos biológicos y psíquicos y nos une al todo.[7]

«¿Y entonces?», pregunté, un poco confundido.

Nam myoho renge kyo es como el lenguaje del alma. Recitarlo nos pone en contacto con nosotros mismos. Nos despierta al hecho de que todo tiene sentido; que nuestra existencia posee un sentido profundo. Aunque parezca «mística», eso es incomprensible, esta frase es un sonido universal, una vibración primordial que sintoniza la vida interior con la fuerza del Universo, la dimensión del alma.

Hablando de estímulos, bastaría pensar en cuántos ejemplos hay en la vida cotidiana: una simple frase tiene el poder de sumirnos en la angustia en un instante, una imagen nos tranquiliza, una hoja de papel con algo escrito puede generar una gran alegría...

«Sí, pero ¿por qué una frase que no entiendo?... Incluso si me habéis explicado el significado en términos generales, no veo por qué no se puede traducir y recitar en nuestro idioma», objeté.

El motivo es simple: no hay necesidad de traducciones. La música es vibración, ritmo, movimiento. Eso es todo.

7. Hillman, con Silvia Ronchey: *L'anima del mondo*, Rizzoli, Milán, 1999.

Sin embargo, hay músicas que entristecen, otras que alegran, dan energía, sin necesidad de entenderlas, sin saber qué notas se utilizan y por qué. Algo dentro de nosotros «responde» a esa llamada, «traduce» el mensaje.

Las notas musicales son siempre siete (o doce, con sostenidos y bemoles), lo que importa es su secuencia. Los siete ideogramas usados para escribir *Na-m(u)-myo-ho-ren-ge-kyo* son la secuencia correcta para generar las olas en las profundidades del mar interior, trayendo efectos benéficos a la superficie. La budeidad reconoce este lenguaje.

Supongamos que un bromista nos enseña una frase ofensiva en chino, pero estamos convencidos de que se trata de un cumplido. Si se la decimos a un italiano, no pasará nada. Pero cuando, sonriendo, se la digamos a un chino, él reaccionará en consecuencia.

Las diversas técnicas de meditación, la recitación de diferentes mantras, que se han desarrollado durante milenios en Oriente, también se basan en este principio. Sólo recientemente se ha descubierto que el cerebro puede verse afectado, de manera independiente de si comprende el significado o no. De hecho, incluso la actividad cerebral se manifiesta como vibraciones, ondas de diferentes frecuencias. Los instrumentos científicos modernos pueden medir estas diferencias de ritmo. En concreto, las llamadas ondas alfa son emitidas por el cerebro cuando nos encontramos en un estado de profunda relajación física y tranquilidad emocional: la mente está tranquila pero llena de energía.

La oración, la «música» de la recitación, puede generar armonía interior, modificar el ritmo vital, liberar una energía que impregna todo el ser, incluida la mente. Puede elevarnos a un estado superior que va más allá del condicionamiento, y desde el cual vemos, pensamos, sentimos, actuamos de una manera diferente.

El budismo de Nichiren afirma que *Nam myoho renge kyo* es el mejor sonido que puedes utilizar.

«¿No es eso un poco dogmático?», pensé en voz alta.

No, siempre que sea posible experimentarlo: prueba en la práctica todas estas explicaciones teóricas. Por otro lado, sería imposible demostrar con palabras un concepto que transciende las palabras. Sería un poco como explicar el sabor de una piña a alguien que nunca la ha probado. ¿Podrán las palabras hacerle «sentir» el sabor? Al final lo resolveríamos diciendo: «tienes que probarla».

Si uno quiere desarrollar los músculos, porque por ejemplo tiene dolor de espalda, puede ir al gimnasio (es decir, utilizar un medio para desarrollar algo que, potencialmente, ya tiene). Pero no te hace falta conocer los secretos de la anatomía, las leyes de la química, el funcionamiento de las células, las proteínas, los aminoácidos, las enzimas... para fortalecer tu cuerpo. Sólo debes hacer los ejercicios correctos. Se necesita algo de confianza en el instructor al principio. Después, los resultados hablarán por sí mismos. Mientras tanto, también puedes estudiar para tener una mayor conciencia de lo que estás haciendo. Pero el estudio por sí solo no solucionará el dolor de espalda. La comprensión sin acción no siempre nos libera del sufrimiento. La actuación de *Nam myoho renge kyo* es un medio para desarrollar un potencial que existe dentro de todos. Todos pueden utilizarlo, independientemente de las condiciones personales, del nivel de educación, de la cultura. Y no crea ninguna «adicción»: ya está dentro de nosotros y nadie puede privarnos de él. Lo ideal es vivirlo en la práctica y, al mismo tiempo, profundizar en el conocimiento de la visión budista de la vida. El único precio para pagar es… invertir un tiempo.

«¿No es eso un poco simplista?».

La teoría budista está lejos de ser simple, pero su aplicación práctica está al alcance de todos. Si se necesitara un curso de ingeniería para utilizar una calculadora, la mayoría de nosotros todavía usaríamos el ábaco. Afortunadamente, basta con pulsar unos botones para poner en marcha procesos complicados de los que normalmente no somos conscientes. ¿No es eso una ventaja? *Nam myoho renge kyo* no es una varita mágica, sino un «entrenamiento» progresivo a través de la práctica constante. Igual que el gimnasio.

El escepticismo y las dudas son normales. De hecho, lo que se necesita es un enfoque correctamente crítico. Lo importante es que no se convierta en una oposición intelectual estéril, una excusa que en realidad esconda el cansancio o el miedo a enfrentarse a algo nuevo.

Me sentía un poco acorralado: «Está bien –dije–, admitamos que esta frase es realmente el estímulo adecuado para manifestar todo lo que se ha dicho. Al apuntar a esta condición "superior", ¿no se corre el riesgo de alejarse de la realidad? Y de nuevo: ¿buscar esta budeidad significa extirpar o reprimir otros mundos negativos como la codicia, la ira…? En resumen, ¿debemos todos volvernos buenos y puros?».

No se trata de buscar una falsa serenidad, de vivir felizmente en las nubes. Todo lo contrario: el budismo se utiliza para afrontar el sufrimiento y cumplir los deseos. Esto implica acción concreta y no extrañamiento, desinterés o fatalismo pasivo.

Y no hay nada que reprimir, ninguna parte de nosotros que negar, ninguna necesidad de convertirnos en «angelitos». No hay mundos buenos o malos absolutos. No se debe destruir nada, porque todo se puede transformar. Y aquí se multiplican los Diez Mundos.

LOS CIEN MUNDOS

Consideremos la ira. Ya hemos descrito antes los aspectos negativos. Pero el mismo estado de ánimo puede convertirse en algo positivo, cuando por ejemplo sirve para rebelarse contra las injusticias, para hacer valer los propios derechos frente al abuso y la agresión. Esto significa que hay varios tipos de ira. Lo mismo ocurre con los otros mundos. La codicia puede ser una fuerza destructiva, pero también una sana ambición de cumplir deseos, un impulso de mejora.

En la práctica, cada uno de los Diez Mundos puede asumir diferentes rostros, porque no está separado de los demás: existe una relación de influencia recíproca entre ellos. Así, por ejemplo, el mundo del estudio puede caracterizarse por la angustia (infierno), la superficialidad (animalidad o, de otro modo, la estupidez), la codicia, la ira, la tranquilidad, el éxtasis, etc.

Para volver al concepto de los Tres Mil Mundos en un instante, en este punto las posibilidades ya no son diez, sino cien: los diez estados mentales pueden de hecho manifestarse en diez «tonos» diferentes (el estudio codicioso, el estudio tranquilo, el estudio extático, etc.). Total: cien.

El alcance de este concepto es, en cierto sentido, revolucionario: todo se puede transformar, todo se puede cambiar a mejor: hasta un veneno se transforma en medicina. Cualquiera que sea la condición del momento, el potencial para la solución está siempre presente, incluso aunque nuestros ojos no puedan verlo: en la angustia más negra del infierno, la alegría de la budeidad está lista «detrás»: sólo espera ser activada. Es muy fácil: no hay necesidad de hacer largos viajes hasta el final de un túnel. Los Cien Mundos y su relación mutua desmantelan las creencias que encierran la mente. Después de todo, incluso una cueva que ha estado a oscuras durante mil millones de años puede iluminarse en un instante, si enciendes una antorcha. La diferencia entre la oscuridad y la luz está en el espacio de un clic.

Cuando Buda «se enciende» por dentro, los problemas se resuelven, porque la sabiduría nos hace tomar el camino correcto, la armonía con el entorno nos hace estar en el lugar correcto en el momento correcto, la fuerza vital aligera cualquier peso, la realidad aparece porque es: las sombras aterradoras se diluyen y un coraje confiado ocupa su lugar.

El objetivo de esta práctica no es convertirse en seres superiores y perfectos, sino en personas comunes y corrientes felices. Activar la budeidad, es decir, aprovechar esa energía positiva, no significa eliminar los otros nueve mundos, sino «iluminarlos»; vivirlos de otra manera, purificarlos de las ponzoñas que envenenan. Para esto no se necesitan prácticas ascéticas, negar las propias características, renunciar o eliminar algo de uno mismo que se considera malo, negativo, pecaminoso. Una vez más, la palabra clave es: transformar.

Seguiremos siendo, pues, nosotros mismos: personas con fortalezas y debilidades, que sin embargo disfrutan de una vida llena de satisfacciones porque, sea cual sea la condición del momento, tienen una base vital de alegría, sabiduría, esperanza, ligereza: mientras estamos enojados, en pleno problema concreto que nos afecta, en un momento estresante de trabajo... Cuando los nueve mundos descansan sobre la base del décimo, ya no es posible hundirse. El valor de la vida cambia. El destino cambia.

«Parece todo muy fácil. En resumen, una bonita historieta...». No pude evitar mostrar un poco de ironía.

No es nada fácil, pero es ciertamente posible. Lo importante es utilizar los medios adecuados. Como hemos visto, los estados de ánimo son inestables, es decir, van y vienen según los estímulos. La budeidad también puede emerger y desaparecer un momento después. Por lo tanto, el problema es hacerlo de la manera más estable posible.

Cada persona tiene una tendencia vital específica. Podemos definirlo como su naturaleza, o su carácter. Hay quienes se inclinan a la alegría y otros a la ira; hay quien es más instintivo (animalidad) o más reflexivo (tranquilidad). Es como un hogar al que siempre se regresa después de viajes más o menos largos a otros estados de ánimo.

Al recitar *Nam myoho renge kyo* te cambias de casa. Lentamente, el palacio de la budeidad crece y se vuelve más y más sólido dentro de nosotros: un hogar seguro que hace que los viajes diarios a los nueve mundos sean placenteros y ricos en valor. Pero para ello se requiere compromiso y formación constante. Por eso no es fácil.

«¿Es decir?». Empezaban a surgirme algunas dudas.

Se requiere práctica para desarrollar una habilidad. Se necesita esfuerzo para obtener resultados. Para estabilizarlos y seguir progresando, uno debe aplicarse constantemente. Normal, ¿no? Pero quizá un poco molesto: nos lo repiten desde el primer día de clase. Sin embargo, para aprender un idioma extranjero, el estudio teórico no es suficiente: debe ser «practicado» tanto como sea posible. De lo contrario se pierde. Un campeón olímpico no nace campeón: entrena todos los días. El potencial de la budeidad se desarrolla con la recitación de *Nam myoho renge kyo*. Por lo tanto, para obtener resultados concretos en la vida diaria, esta práctica debe realizarse de manera correcta y constante, posiblemente todos los días. Porque queremos ser felices en este mundo: aquí y ahora.

OTRAS DUDAS

«Una pregunta algo provocativa: ¿por qué debería necesitar el budismo? Me parece que esta práctica es una especie de salvavidas para quienes se encuentran en una situación desesperada. Considerándolo todo, no me siento tan agobiado por los problemas. Claro, no los echo de menos. Pero..., un poco como todos. Intento hacerles frente...».

Incluso la persona más afortunada debe enfrentarse a problemas tarde o temprano. Por ejemplo, separarse de las personas que ama: hijos que crecen y se van, un amor que ha terminado, o una pareja de toda la vida que deja este mundo antes que nosotros. Y luego están las tribulaciones para alcanzar una meta, que a veces nos desilusiona apenas la hemos alcanzado: «¿Quién me obligó a hacerlo?», pensamos, e inmediatamente partimos hacia una nueva batalla. O las preocupaciones normales de la existencia cotidiana, como los problemas financieros, pero también las relaciones amorosas, las amistades, la soledad...

Así, todos debemos aguantar a alguien o algo, a una persona, una situación, cargar con un peso sobre los hombros, tal vez «tragando» en silencio. Y hoy, el sufrimiento psicológico de la desarmonía parece generalizado: un malestar, una percepción confusa de la agitada cotidianidad, donde se escapa muchas veces el sentido profundo de lo que se hace y por lo que uno se angustia. Además, la enfermedad y la vejez son inevitables.

Entonces, pensar o esperar no tener problemas es pura ilusión. En todo caso, la pregunta es: ¿cómo hay que enfrentarse a ellos? La vida es un camino que, necesariamente, hay que afrontar con algún peso sobre los hombros. Pero, si estás lleno de energía, alegría y esperanza, puedes subir un sendero de montaña, mochila al hombro, y disfrutar de la caminata, vivir cada paso intensamente, admirar el paisaje, charlar alegremente con tus compañeros de viaje. Muy a menudo, sin embargo, se empieza con la cabeza gacha, oprimido por el peso que aumenta gradualmente.

Y además: ¿qué nos espera al final del viaje? El budismo nació para resolver los problemas fundamentales de la vida. Y quizá el más importante sea precisamente el de la muerte: un sufrimiento imposible de evitar. Pero volveremos a eso más tarde, cuando hablemos sobre el concepto de karma.

«Bueno, más allá de estos grandes temas, la vida cotidiana también se compone de pequeñas cosas que se pueden abordar de muchas maneras, sin tener que molestar a la religión, al Universo...».

Cierto. Aquí no estamos diciendo que si uno no practica el budismo necesariamente será infeliz. Por otro lado, la tendencia humana es ocuparnos de las cosas sólo cuando nos sobrevienen. De esta manera se corre el riesgo de convertirse en víctima de las circunstancias, a merced del entorno. A veces se buscan soluciones convenientes. Es más fácil adaptarse a una situación que afrontarla. Te acostumbras a todo en lugar de encontrar la fuerza para ponerte de pie y reaccionar. Paradójicamente, uno puede preferir, incluso de manera inconsciente, permanecer en una situación conocida, aunque sufra, en lugar de aventurarse en la búsqueda.

La mente trabaja para encontrar mil excusas. Tendemos a pensar: «Esto es imposible de lograr, nunca lo conseguiré, no estoy a la altura», o: «Sufro porque los demás me hacen sufrir». Y de nuevo: «Esto me pasa porque tengo mala suerte. No puedo hacer nada al respecto».

Pero tal mecanismo nos aprisiona cada vez más en un círculo vicioso, en la ilusión de que la causa de los problemas está fuera de nosotros. Es decir: la causa de la felicidad está fuera, en alguna parte. Así que nos apresuramos a perseguir algo, pensando que una vez que lo consigamos estaremos bien. Pero ésa es la búsqueda de la felicidad relativa, que siempre depende de las circunstancias externas. En consecuencia, es del todo inestable e impredecible.

Evitar que el entorno te sacuda, dar una base sólida a la vida, decidir un rumbo, requiere un compromiso constante y un medio que funcione. La teoría de los Cien Mundos dice precisamente esto: todas las causas y soluciones a los problemas ya están dentro de nosotros. Por lo tanto, debemos buscarlos, hacerlos emerger. Sería hermoso poder encontrarse a uno mismo, resolver todos los problemas con uno de esos cursos de pago que en pocas lecciones prometen la felicidad eterna; o con una sencilla técnica de relajación a realizar sólo cuando creemos que la necesitamos (que muchas veces es como decir: cuando no nos cuesta demasiado, cuando las circunstancias externas no nos presionan). O, distrayéndonos, llenando el tiempo con mil actividades. Claro, todo puede ayudar. Muchas cosas pueden ayudar. Pero no necesariamente resuelven el problema de raíz. Si uno quiere ganar una competición deportiva, debe entrenar con seriedad y constancia. De lo contrario, no tiene sentido quejarse y descargar el descontento pensando que está perdido por culpa de otra persona.

Son excusas. Sería como esperar enriquecerse contando el dinero de tu vecino.

Para desarrollar una condición vital interior capaz de apoyarnos en la «carrera de obstáculos» de la existencia, nos entrenamos recitando *Nam myoho renge kyo*. De acuerdo con el principio de los Cien Mundos, al activar y estabilizar la riqueza de la budeidad, se implementa progresivamente una verdadera revolución interior: la «revolución humana».

La poderosa energía vital irradia progresivamente sobre todos los aspectos de la existencia e ilumina los nueve mundos en los que se desarrolla la vida cotidiana, los transforma, crea una satisfacción que viene de adentro, y por lo tanto es independiente del cumplimiento de los deseos. Y, precisamente por eso, éstos se realizan con mayor facilidad.

«Pero, en definitiva, si esta práctica realmente da tales resultados, ¿por qué no está más extendida? ¿Por qué no todos la practican?».

Es muy simple: ¡porque es difícil de creer! Ante ciertas cosas, muchos se comportan como quien, al ver una columna de humo que sale por una ventana, piensa: «Mientras no vea el fuego es que no hay fuego». Pero mientras tanto, mientras espera que algo lo convenza, la casa se incendia. Todos nos hemos acercado a esta práctica llenos de dudas: la única manera de estar convencidos de que funciona es «entrar» en ella, tocarla con la mano.

En cambio, si la mente humana, la racionalidad, la inteligencia, el conocimiento (que tantos avances han traído) bastaran para hacer el bien, para ser felices, ¿por qué entonces en el mundo todavía hay guerras, abusos, destrucción del medio ambiente, hambre, epidemias...? ¿Por qué los problemas fundamentales son siempre los mismos? Porque el ser humano siempre ha tenido una tendencia destructiva en su interior, una parte oscura que lo guía hacia el sufrimiento. La ira no se puede vencer con el conocimiento, por eso todavía hay guerras. La codicia no disminuye con el progreso tecnológico, por eso se ataca y explota cada vez más el medio ambiente.

Al recitar *Nam myoho renge kyo*, el lado oscuro de la naturaleza humana se ilumina progresivamente. El estado vital tiene el poder de modificar la relación con nosotros mismos y con nuestro entorno, activando un «efecto dominó» que se extiende a todos los ámbitos de la vida.

Se necesita otra multiplicación para explicar este mecanismo.

LOS MIL MUNDOS

La apariencia de una persona cambia según su estado de ánimo. Un rostro angustiado manifiesta la condición interior de sufrimiento, y cuando te sientes alegre y ligero, tu rostro se ilumina. Incluso la parte «invisible» del individuo, los pensamientos, las emociones, la visión de las cosas... sigue este principio: en la angustia prevalecen los pensamientos oscuros y pesados, las emociones negativas; la relación con la realidad exterior está enturbiada por una especie de bruma, como un calor sofocante. Todo ello determina qué tipo de relación se tiene con uno mismo y con el entorno, tanto en las acciones que se realizan, como en las respuestas que damos a los mensajes que nos llegan del exterior.

Según el budismo, hay diez factores que juegan un papel en esta interacción de relaciones. Sería demasiado largo analizarlos uno por uno. Aquí es suficiente decir que los Diez Factores explican cómo el entrelazamiento de los eventos de la vida no es accidental, sino que depende de la relación precisa que existe entre el estado de ánimo, nosotros mismos y el mundo exterior. Por eso, por ejemplo, dos personas ante el mismo problema tienen reacciones y resultados diferentes.

El punto de partida es siempre el estado de vida interior, la emoción, desde el infierno hasta la budeidad. Pero hemos visto que, en realidad, hay cien «mundos», por lo tanto cien posibilidades de ser en cada instante. El estado vital es la energía que pone en movimiento los mecanismos de la vida. Éstos son como los engranajes del motor de un coche que, cuando se activan, trabajan juntos y producen un resultado. Si todo funciona en armonía, las ruedas se mueven y el coche puede correr hacia su meta. De lo contrario, algo falla y comienzan los problemas, los obstáculos, los sufrimientos.

Los Diez Factores son los engranajes que tejen los fenómenos de la existencia, dentro y fuera de nosotros, produciendo el resultado final de felicidad o infelicidad. Depende de la energía que los pone en movimiento. Una persona en el mundo del infierno tendrá todos los engranajes que trabajan para el sufrimiento: aspecto físico, pensamientos, visión de las cosas, emociones; y luego una energía débil, incapaz de ejercer una influencia positiva en el medio ambiente. Por lo tanto, creará las condiciones para perpetrar su sufrimiento, acumulando en sí misma potencialidades negativas que, aun en respuesta a estímulos externos, resultarán en nuevos sufrimientos. En el mundo del infierno, todos los engranajes, es decir, los factores, funcionan influenciados por él. Al cambiar el estado vital, cambia el trabajo de los Diez Factores. Cuando la mecánica de la vida está impulsada por la energía de la budeidad, el resultado final es la creación de un mejor destino, una existencia armoniosa y satisfactoria.

Sin la sabiduría que proviene de la energía del Universo, somos como personas inexpertas con los motores que, cuando algo sale mal, no saben dónde poner las manos. Y si lo intentan a ciegas, corren el riesgo de empeorar las cosas. Muchas veces hacemos precisamente eso. Por ejemplo, por lo general pensamos que nuestro sufrimiento depende de que alguien, o alguna situación, lo provoque. Pero ese «alguien» es en realidad sólo una causa externa, que ha activado una causa interna (sufrimiento) ya presente en nuestro interior. Continuar centrándonos en la causa externa siempre producirá resultados (efectos) erróneos, como tratar de captar la sombra del problema en lugar de la sustancia. De nada sirve quejarse si se nos escapa.

Pero eso también significa que las soluciones a todos los problemas están listas en el interior. Deben activarse con la energía de *Nam myoho renge kyo*. La teoría de los Diez Factores explica que, más allá de nuestra limitada percepción, existen mil soluciones preparadas para cada problema, mil maneras en que pueden funcionar los engranajes: diez factores para cada uno de los Cien Mundos. Todo en el espacio de un instante. Así como en el diminuto espacio de una semilla ya existe un roble.

«Son teorías fascinantes, pero la visión concreta aún se me escapa: ¿cómo pueden cambiar mi vida cotidiana?».

Aunque la mayoría de las veces no lo notamos, existe un vínculo profundo entre nosotros y todo lo que nos rodea.

Incluso una parte de la física habla de una «red de la vida»: un continuo intercambio de influencias, de energías visibles e invisibles; un entrelazamiento de relaciones que, según el budismo, puede extender y multiplicar tu felicidad o encerrarte en una maraña de sufrimiento. Depende de cómo te muevas en esta red.

LA RED DE TRES ENTORNOS

Los Mil Mundos están presentes en todas partes. El primer entorno es el individuo mismo, con su carácter, su forma de pensar, de reaccionar, de situarse con respecto al exterior; sus sueños, aspiraciones, ideales que lo empujan hacia el futuro; sus experiencias pasadas: las alegrías y las desilusiones grabadas en el alma. Todo esto determina cómo vivimos el presente, cómo nos relacionamos con nosotros mismos y con los otros dos entornos, qué tipo de intercambio se produce.

El segundo entorno es el de los seres vivos en general. Lo atravesamos pasando por muchos niveles diferentes: la familia, los compañeros en el lugar de trabajo, el grupo de amigos. Pero, en un nivel más amplio, incluso aquellos con quienes se comparte una identidad, ya sean ideales, pasiones, cultura, idioma, nacionalidad. Cada uno de estos «grupos» posee los Mil Mundos. En una familia donde prevalecen las peleas, hay ira; un trabajo puede ser «infernal» o emocionante. Incluso con el perro o el gato de la casa se da el intercambio mutuo de los Mil Mundos. E incluso una sociedad entera es como un ser vivo, con su propio y preciso estado de vida: donde prevalece la tranquilidad hay respeto por los demás; donde proliferan los Tres Venenos de la ira, la avaricia y la estupidez hay una verdadera contaminación espiritual que envenena la existencia.

El tercer entorno es el de las cosas y los seres insensibles, como los árboles y las flores. Los nacidos en el desierto tendrán un carácter y una predisposición diferente a los que nacen y viven en un bosque. Caminar por un bosque puede hacernos sentir libres o inquietarnos, depende del intercambio entre ese entorno y nuestro estado vital del momento. Incluso las cosas son inanimadas sólo en apariencia: en realidad, un objeto lleva consigo un estado vital cuando entramos en contacto con él. El cielo, el viento, el mar, las montañas, la luna, las estrellas... son cosas «vivas»: interactúan con los seres vivos. Y luego, los colores, las formas de las cosas, las vibraciones invisibles zumbando a través del éter... Un papel transmite éxtasis, iluminación parcial, ira: depende de si es una carta de un ser querido, un poema deslumbrante o una multa de tráfico.

He aquí, finalmente, las tres mil condiciones en todo momento: estamos inmersos en los tres ambientes (que el budismo también llama los Tres Reinos de la Existencia), cada uno con sus Mil Mundos. Todos ellos interactúan entre sí. Total: tres mil.

Psicología, sociología, ecología: la visión milenaria del budismo es tan profunda que hoy, en cierto sentido, está confirmada por la ciencia moderna. Sobre la base de la igualdad (los Mil Mundos comunes a todos) cada ser humano se diferencia de los demás por la forma personal de percibir los fenómenos, la sociedad y el entorno (los tres entornos).

Nam myoho renge kyo es la Ley de la Vida. La vida se manifiesta en las tres mil condiciones. Al recitar *Nam myoho renge kyo* todo se armoniza: los infinitos «engranajes» de la existencia comienzan a funcionar para crear una red de conexiones e intercambios donde la energía positiva corre de un lado a otro y transmite alegría, serenidad, fuerza, esperanza. Se iluminan las causas internas, las relaciones, las influencias recíprocas; los efectos emergen del río de energía universal transformados, purificados. Las cosas, los hechos, las acciones, las relaciones, los pensamientos, las emociones toman naturalmente la dirección correcta, guiados por la fuerza original que reconocen y siguen. Como un girasol moviéndose hacia la luz.

LA INSEPARABILIDAD DEL TODO

Cuerpo y mente son inseparables, están unidos entre sí. Desde hace dos mil quinientos años el budismo afirma que los aspectos físicos y espirituales tienen un origen común, son dos manifestaciones de una misma entidad. Es la vida misma: la energía vital que fluye por dentro y alimenta las funciones físicas y espirituales. Incluso la ciencia está ahora de acuerdo con esta inseparabilidad. El estrés psicológico puede causar enfermedades físicas. Una disfunción corporal puede afectar al estado de ánimo, los pensamientos.

Desde hace algunos años se sostiene un concepto psicosomático de la medicina (es decir, que abarca mente y cuerpo): el sistema nervioso y el sistema inmunológico son como dos partes de un todo, que se comunican continuamente entre sí. El concepto tradicional separaba el sistema nervioso (es decir, el cerebro y las células nerviosas, que constituyen el asiento de la memoria, el pensamiento, las emociones) del sistema endocrino (glándulas y hormonas que regulan el organismo e integran las diversas funciones corporales) y del sistema inmunitario (el sistema de defensa del organismo, que a través de la médula ósea y otras células controla y repara los tejidos). Tres disciplinas distintas corresponden a esta separación: neurociencia, endocrinología e inmunología. Pero los estudios más recientes muestran que esta distinción es en realidad una distorsión conceptual.

Por ejemplo, se ha comprobado que una familia de moléculas (genéricamente llamadas «péptidos», que incluyen neurotransmisores, hormonas, endorfinas, etc.) funcionan como «mensajeros» que conectan los tres sistemas, integrando actividades mentales, emocionales y biológicas. Los péptidos no sólo se producen en el cerebro, sino también en otras partes del cuerpo: son la manifestación bioquímica de las emociones, que llegan allí donde haya un receptor que las reciba. Este grupo de moléculas parece ser el responsable de los «tonos» emocionales, que a su vez se propagan y afectan tanto al cuerpo como a la mente. Es como decir que todos los pensamientos, las percepciones y los mecanismos biológicos del cuerpo están modulados por las emociones. Después de todo, incluso los proverbios de la sabiduría popular decían que «la risa hace buena sangre».

Entonces, ¿qué son las emociones? Volvamos a la teoría budista de los Diez Mundos: el estado de vida profundo tiene una influencia concreta sobre el cuerpo y la mente. Al activar el tono adecuado, todo cambia positivamente, se armoniza. Por supuesto, esto no significa que al practicar el budismo uno no pueda curar una enfermedad mediante la medicina. Sería una contradicción, una falta de respeto a la propia vida. Sin embargo, es cierto, como muestran algunos estudios recientes, que una condición vital elevada (compuesta por energía positiva, alegría, esperanza) puede acelerar un proceso de curación.

Por lo tanto, si ampliamos el concepto hasta los Tres Mil Mundos, se puede decir que el cambio de tono interior genera asimismo un cambio en el entorno circundante. De hecho, el individuo también está conectado con su entorno: es inseparable, como la célula de un organismo más complejo. Volviendo a los tres entornos vistos anteriormente, el ser humano es parte de la familia, del lugar de trabajo, del «organismo» de la sociedad... En todos estos ambientes hay un intercambio comparable al visto en la relación cuerpo-mente. En un nivel más amplio, incluso la Tierra puede considerarse un organismo complejo con su red de equilibrios e influencias entre «cosas» y seres vivos. La creencia ilusoria de la especie humana de que es de alguna manera independiente y separada del todo –si no superior, privilegiada, «elegida»– es lo que la ha llevado a comportarse muchas veces como una arrogante célula cancerosa, que ataca y destruye el mismo organismo en que vive. Ya sea la familia o el planeta entero.

Y una vez más la ciencia se acerca a la concepción budista.

Un número cada vez mayor de académicos de todo el mundo siente la inutilidad de estudiar las partes aisladas del todo.

Matemáticos, físicos, biólogos, químicos, astrónomos, médicos, sociólogos, economistas, ecologistas... buscan leyes universales que sean siempre válidas para cualquier tipo de sistema complejo y en continuo cambio. Una ley fundamental que regula lo que parece ser caótico desde dentro: el desorden presente en la atmósfera, en el mar turbulento, en el desarrollo de las tensiones sociales, en las fluctuaciones de las poblaciones de animales y plantas, en la tendencia de los precios de consumo, en las fluctuaciones del corazón y del cerebro.

Se llama Teoría del Caos (un nombre que podría inducir a error): la búsqueda de una regla simple que explique una maraña de fenómenos complejos. Una simplificación unificadora que cruza las líneas divisorias entre las diversas disciplinas científicas y capta el sentido global, conectando lo que parece lejano: desde los cúmulos galácticos de estrellas hasta el entrelazamiento microscópico de los vasos sanguíneos. Una Ley Universal de la formación y propagación de los fenómenos. Por otro lado, los físicos han estado buscando durante mucho tiempo una ley unificadora. El científico Stephen Hawking (que enseñó en Cambridge en la antigua cátedra de Newton) dijo una vez que, al examinar el Universo y las leyes bien definidas que obedece, sería razonable suponer la existencia de un principio unificador, una gran ley común de donde se derivan todas los demás.

Las palabras de Buda que se encuentran en la introducción al *Sutra del Loto* no pueden dejar de venir a la mente: «Infinitos significados se derivan de una sola Ley».

Como una gota del mar que contiene todas las características del inmenso océano, así el ser humano (sostiene el budismo) tiene dentro de sí el potencial de todo el Universo. Un potencial infinito dentro de un espacio finito. Conceptos imposibles de visualizar con la mente. Sin embargo, desde principios del siglo XX, las matemáticas han mostrado la posibilidad de dibujar curvas de longitud infinita dentro de un espacio finito. La relatividad de Einstein abolió el dogma de que el espacio y el tiempo son conceptos absolutos. La teoría del inconsciente colectivo habla de un universo interior en el hombre, donde se acumularían las experiencias de toda la humanidad en todas las épocas.

Y la física cuántica revela hoy un mundo invisible de conexiones entre las dimensiones internas del alma y las multidimensionales de la vida universal. Llevando así la ciencia a la religión, la materia al espíritu, después de siglos de separación.

Alguien, a modo de paradoja, habla del efecto mariposa: cómo una mariposa que aletea hoy en Pekín puede influir en los sistemas de tormentas del próximo mes en Nueva York. Como un efecto dominó global.

El budismo siempre ha afirmado esta profunda unicidad que va más allá de la racionalidad y los conceptos de espacio y tiempo. Todo está conectado. Cada uno de nosotros tiene un entorno específico (el yo, los otros, las cosas), en el que actúan los Mil Mundos. La influencia recíproca entre nosotros y el entorno depende del estado vital: podemos ser aplastados por las circunstancias, encontrarnos en constante conflicto, dejarnos guiar pasivamente por las situaciones. O bien, decidimos la dirección. Al activar la Ley Universal de *Nam myoho renge kyo*, cada uno puede lograr su efecto mariposa, ejerciendo una influencia positiva sobre sí mismo y su entorno. Ésta es la «revolución humana» de los Tres Mil Mundos.

«La vida se asemeja al vibrar de las notas, y el hombre a un instrumento de cuerda», escribió Beethoven en su diario. Si el hombre no tiene el tono correcto, no puede resonar con su entorno. De hecho, su disonancia «perturba la armonía que se escucha en un coro bien afinado».

Si *Nam myoho renge kyo* es el vibrar de la vida, sólo queda armonizar con este coro afinado. Entonces será posible captar «los sonidos, que a menudo se arremolinan como el viento, y con la misma frecuencia se arremolinan en mi alma».[8]

Cada uno puede inspirarse en los «sonidos» del Universo y, como un gran compositor, crear su propia sinfonía: una vibración vital invisible que parte del alma del mundo (nuestra misma alma) y se expande en el espacio y el tiempo, que inunda las cosas y las personas, que transforma la realidad. Como las poderosas notas del «Himno a la Alegría» de la *Novena Sinfonía*, que desde hace dos siglos han entrado en los corazones del mundo.

Se produjo una pausa. Debo admitir que me quedé en silencio. Todo parecía tan... armonioso. Concatenado, lógico. Fascinante, pero también un poco vertiginoso. Sentí su profundidad, pero inmediatamente se me escapó. Entonces me vino una duda: «Todo esto es muy interesante, pero no responde al porqué de las "injusticias" de la vida. ¿Por qué alguien tiene mala suerte mientras que a otros todo les va bien? ¿Por qué se nace enfermo? ¿Cómo puede cambiar el destino de una persona incluso antes de nacer?...».

8. Ludwig van Beethoven, *Autobiografia di un genio. Lettere, pensieri, diari* (editado por Michele Porzio), Mondadori, Milán, 1996, págs. 119 y 135.

CAUSA, EFECTO, DESTINO, KARMA

Podríamos seguir: ¿por qué me pasa una cosa a mí y a otro no? ¿Qué es la suerte y la mala suerte? ¿Cuál es el origen de ciertos sufrimientos que llegan inesperadamente?

Simplificando, se podría elegir entre tres posibles respuestas:

1. Todo depende de la voluntad de un ser superior.
2. Todo depende del azar.
3. Todo depende de nosotros mismos.

En la primera hipótesis, no podemos dejar de sometemos a esa voluntad suprema, aceptando de alguna manera lo que nos sucede. Si, por el contrario, creemos en el azar, sólo podemos esperar que los acontecimientos, «por casualidad», salgan bien, sin posibilidad alguna de cambiar su curso. Pero muchas veces el azar no es más que un concepto de conveniencia para cuando no existe mejor explicación. El budismo establece que, si quieres conocer las causas creadas en el pasado, debes observar los efectos que ocurren en el presente. Si quieres saber los efectos que se manifestarán en el futuro, debes fijarte en las causas que estás creando en el presente.

Karma es un antiguo término sánscrito que significa «acción». Cualquier acción (causa), mental, verbal o física, produce una reacción (efecto). Todo lo que pensamos, decimos o hacemos producirá un efecto, que puede ser inmediato o más o menos lejano en el tiempo. Ninguna causa se desvanece en el aire, a pesar de las apariencias; más bien, se acumula dentro de nosotros, en una especie de almacén, esperando ser activada.

Incluso una multa de tráfico puede llegar meses después de que te hayas saltado un semáforo en rojo, quizá convencido de que te has salido con la tuya, cuando ya te habías olvidado por completo. A un nivel más amplio, una nube de *smog* puede desaparecer en el aire y, como ya no nos molesta, la olvidamos. De hecho, se ha «alojado en alguna parte», aunque no la veamos. Pero sus efectos contaminantes, tarde o temprano, se harán manifiestos, a través del agujero de la capa de ozono, del efecto invernadero, de la lluvia ácida... Y de alguna manera nos veremos implicados.

Cada uno tiene su propio karma personal: una acumulación de causas y tendencias, positivas y negativas que, en el segundo caso, traerán sufrimiento para uno mismo y para los demás. Según el principio –ya visto– de la unicidad del ser humano con su entorno, lo que nos sucede es efecto de una causa que está dentro de nosotros. Buscar la responsabilidad y las soluciones en el exterior no servirá de nada si no se modifican al mismo tiempo las causas internas. Recordemos el mecanismo de los Diez Factores: el estado vital determina el tipo de acciones, que se convierten en causas internas. Éstas, a través de la relación con el entorno, se activan transformándose en efectos concretos. De nada servirá tratar de modificar el efecto: si la causa permanece, tarde o temprano volverá el mismo efecto. Un ejemplo para simplificar. Si uno está dominado por el mundo de la ira, tendrá tendencia a tratar mal a las personas (causa). Por lo tanto, creará un entorno de conflicto a su alrededor, donde las personas responderán de la misma manera (efecto) o, como mínimo, intentarán evitarlo. Este resultado sólo fortalecerá la tendencia a la ira: la persona se enojará cada vez más, aumentará su resentimiento, pensará que los demás merecen ser tratados mal, porque sólo él tiene razón. Y así sucesivamente, en un círculo vicioso cada vez más intenso. Continuar culpando al mundo exterior es como dar cabezazos obstinadamente contra una puerta cerrada porque no te das cuenta de que tienes la llave en el bolsillo. Un sufrimiento inútil.

La implicación más importante de la teoría del karma es que cada uno es el arquitecto de su propio destino. El hecho de que todas las causas del sufrimiento estén dentro de nosotros significa que no puede haber sufrimiento mayor que nuestro potencial. En consecuencia, y afortunadamente, todos tenemos la capacidad de cambiar cualquier problema. ¿Cómo? Demos un paso atrás.

El concepto de karma es común a casi todas las filosofías surgidas en la India, incluso antes del budismo (aparece por primera vez en los *Upanishads*, los textos fundamentales del brahmanismo). Pero su valor práctico ha sido interpretado de diferentes maneras según las escuelas de pensamiento. La idea de que el sufrimiento de un individuo proviene de su mal karma llevó, en algunos casos, a una visión pasiva de la existencia: todo estaba ya establecido y no había más que tratar de soportar los efectos con calma. El mejor camino era desprenderse del sufrimiento, llegando sin embargo a un desapego progresivo de la vida misma, con sus problemas candentes; el fin último era la cancelación de los deseos, que, se decía, son la causa del sufrimiento, para finalmente llegar al llamado «Nirvana»: la cancelación total. Otras escuelas de pensamiento implicaban una complicada serie de acciones ascéticas: la expiación del mal karma pasaba por prácticas y ejercicios de refinamiento espiritual. Los resultados vendrían después de un larguísimo viaje compuesto de numerosas existencias y renacimientos.

Otros delegaron todas estas prácticas en los monjes, a quienes apoyaban con ofrendas de comida, ropa y dinero, asegurando así la felicidad después de la muerte.

Por otra parte, el budismo de Nichiren enseña, a partir del *Sutra del Loto*, que toda persona tiene dentro de sí el potencial de cambiar el curso de la existencia aquí y ahora, independientemente del bagaje kármico que lleve sobre sus hombros. Todo ello sin complicadas prácticas ascéticas y sobre todo sin necesidad de ningún intermediario, monje o laico.

A través de la actuación de *Nam myoho renge kyo*, la tendencia vital básica cambia. En consecuencia, los pensamientos, las palabras y las acciones se basan en la enorme positividad de la Ley del Universo. Así como el karma negativo es creado por acciones guiadas por los venenos del egoísmo –la codicia, la ira, la estupidez (que son parte de los Diez Mundos)–, del mismo modo el karma positivo es formado por acciones motivadas por la bondad, la compasión, la sabiduría... Así, a través de la revolución humana, el presente puede convertirse en una sucesión de causas positivas que crearán efectos en el futuro.

Al mismo tiempo, las causas del presente equilibrarán los efectos que llegan del pasado, permitiendo experimentarlos como aligerados. La profunda sabiduría del estado de budeidad permite evitar la repetición continua de errores que conducen al fortalecimiento de las tendencias negativas, con su círculo vicioso. Los llamados «deseos terrenales» (los materiales, los cotidianos, aquellos que derivan de necesidades, sentimientos, sueños por realizar...) lejos de ser soslayados y tildados de «apegos impuros», se convierten en motor de transformación: lo que impulsa al hombre a mejorar.

En resumen, el punto de vista de Nichiren es verdaderamente revolucionario:

1. El entorno es el espejo que refleja nuestro karma. De nada sirve tratar de cambiar la imagen reflejada si no se cambian las causas internas. De nada sirve quejarse de que «el mundo es malo» o «la gente no me entiende». Por el contrario, la imagen en el espejo es un mensaje valioso para entender lo que nos pasa.
2. Gracias al estado vital que «ilumina» las cosas, los deseos terrenales se transforman: se convierten en un medio para utilizar y no son un objetivo que nos domina. Como veneno potencial para la existencia, adquieren las propiedades de una medicina beneficiosa. Por eso, no hay necesidad de reprimirlos y renunciar a las satisfacciones de la vida con ascético desprendimiento.
3. El proceso de aligerar el karma pasado y crear karma positivo para el futuro tiene lugar en el presente. Todos pode-

mos implementarlo a partir de ahora, sin renunciar a nuestra identidad. La felicidad se encuentra en esta vida: la llave para abrir la puerta ya está en tu bolsillo.

4. Este proceso desarrolla una relación armoniosa con el medio ambiente. Progresivamente, aparece lo que podríamos llamar «suerte» (circunstancias favorables, estar en el lugar adecuado en el momento oportuno...), pero en realidad es una red de efectos positivos en respuesta a nuestras acciones.

Todo sonaba muy bonito, pero también muy fácil. «¿No es un poco simplista?», pregunté.

Por supuesto, si dijéramos que los que practican el budismo ganarán la lotería porque tienen suerte, sería un discurso absurdo. Pero cambiar el destino de uno es otra cosa. Requiere una práctica asidua y correcta: los resultados dependen del empeño que le pongas.

La ley de causa y efecto es, en cierto sentido, implacable: es inútil buscar atajos. Las causas del sufrimiento no se transformarán sólo porque uno trate de no pensar en ello o se enfrente a ellas cuando le dé la gana. Además, ante el propio karma es imposible fingir: poder engañarse a uno mismo es una pura ilusión. Se necesita consistencia. Por ejemplo, de nada sirve lucir hermosa a los ojos de la gente mientras se siguen creando causas negativas con acciones guiadas por el egoísmo. Para decirlo con un proverbio: quien predica bien y luego actúa mal, no verá mejoras. Por un lado crea y por otro destruye. En cierto sentido, el karma es... matemático.

EL DESTINO OCULTO EN LO MÁS PROFUNDO

Hay causas y tendencias negativas que se pueden «ver» razonando, reflexionando sobre uno mismo o escuchando mensajes que vienen del exterior. Por lo tanto, es posible modificarlas con un esfuerzo de voluntad, tratando de cambiar la manera de pensar y actuar. En este caso, la práctica budista es muy útil para aclarar la relación entre nosotros y el entorno y proporcionar la energía vital necesaria para apoyar el esfuerzo de superación personal.

Pero hay aspectos de la vida que aparentemente escapan a esta lógica: sufrimientos que se producen de improviso, hechos «desafortunados» cuyo origen se nos escapa, problemas que siempre reaparecen iguales, con una constancia que desarma. En este caso, la racionalidad no tiene poder: la causa existe, pero está tan profundamente depositada en el «almacén interior» que incluso el intelecto más brillante anda a tientas en la oscuridad. El budismo habla de nueve niveles de conciencia en el ser humano, como capas que, partiendo de los aspectos físicos, descienden gradualmente cada vez a mayor profundidad. Los primeros corresponden a los cinco sentidos (vista, oído, olfato, gusto y tacto), que nos relacionan con el exterior. La sexta conciencia es esa parte de la mente que, incluso instintivamente, procesa las percepciones de la realidad circundante. El séptimo nivel está representado por el yo consciente. Es un nivel más profundo: el de la personalidad del individuo, donde se ponderan las experiencias y se desarrollan pensamientos y conceptos inherentes a los aspectos internos de la vida. La octava conciencia representa en parte lo que la psicología moderna define como el inconsciente: un gran almacén, un vasto abismo que va mucho más allá de las posibilidades del yo racional, con sus percepciones limitadas de espacio y tiempo. Todos los pensamientos, las palabras, las acciones se acumulan aquí, formando las causas del karma que, como semillas ocultas, madurarán tarde o temprano, saliendo a la superficie en forma de efectos positivos o negativos. Es la octava conciencia la que afecta a la séptima y no al revés: la mente racional no puede tocar este nivel. Pero, aún a más profundidad, existe la novena conciencia: el fundamento de la vida, la naturaleza de Buda donde la energía positiva universal fluye pura y prístina.

Desafortunadamente, en condiciones normales, la octava capa de la conciencia es tan gruesa y masiva que bloquea el surgimiento de este flujo iluminador. Como un corcho que oscurece una luz, que sofoca una fuente. Al recitar *Nam myoho renge kyo* aumentamos la «presión» de la novena conciencia. La fuerza vital universal empuja y perfora las capas, imparable. Se abre paso como agua clara que brota de un manantial subterráneo, y limpia, purifica y pule todo a su paso: el almacén del karma, el yo racional, los mecanismos de la mente, los sentidos, la percepción de la realidad. En ese momento, las acciones, las palabras, los pensamientos, guiados por conciencias purificadas y regeneradas, también crearán karma positivo.

En este proceso, algunos escombros pueden emerger del abismo de la octava conciencia. Pero serán efectos kármicos aligerados, desmenuzados o embotados por el flujo de *Nam myoho renge kyo*. Por eso hablamos de «aliviar la retribución kármica».

Una perturbación momentánea, un cálculo molesto que es expulsado. Mucho mejor que dejar que se hinche y se calcifique, hasta que se vuelva doloroso y devastador. Por supuesto, el karma pasado no se puede borrar con el uso de una esponja. Pero la revolución humana que activa la práctica budista nos permite deshacernos de él de una manera más rápida y menos dolorosa.

«Muy interesante. Pero, si lo que nos sucede depende de las acciones realizadas, ¿cómo explicamos los problemas que uno tiene desde que nace? ¿Qué tipo de causas podría haber puesto en marcha incluso antes de venir al mundo?».

VIDA, MUERTE, VIDA...

Según el budismo, todos los fenómenos están sometidos al ciclo continuo de nacimiento, muerte, renacimiento, muerte... La vida, en el sentido más profundo del término, es un movimiento continuo donde todo se transforma: nada se crea de la nada y, en consecuencia, nada se destruye definitivamente. Esta entidad vital no sufre las limitaciones de espacio y tiempo. Son sus manifestaciones –es decir, los fenómenos físicos y psíquicos– las que siguen el ciclo de nacimiento y muerte: un ritmo natural, universal, como el día y la noche, la sucesión de las estaciones, el florecimiento de un árbol y la caída de las hojas. Las células de nuestro cuerpo nacen y mueren todo el tiempo, pero siempre estamos vivos. Las emociones, los pensamientos, las creencias de cuando éramos pequeños probablemente hayan muerto hace mucho tiempo. Pero nacieron otras. Y somos siempre la misma persona, repitiendo continuamente el ciclo de nacimiento y muerte. Cuando una cosa muere, simplemente se convierte en algo diferente. Pero no deja de existir.

El budismo considera el Universo como una gran entidad. Si lo comparamos con un vasto océano, la vida de cada individuo puede representarse como una ola en ese océano. Cuando la ola sube a la superficie hay nacimiento, y por lo tanto vida; cuando se fusiona con las aguas de nuevo, hay muerte. Así, la vida y la muerte son dos aspectos alternos, dos manifestaciones diferentes de una misma entidad: la Ley del Universo. Entonces, morir es un poco como quedarse dormido: muchas partes de nosotros, durante el sueño, dejan de funcionar o funcionan de manera diferente, y luego se reactivan cuando nos despertamos.

La diferencia con el ciclo sueño-vigilia es que, cuando mueres, las primeras siete conciencias (los sentidos, la mente, el ego racional) se desintegran junto con el cuerpo. Por eso no recordamos existencias pasadas. Pero la octava conciencia (el almacén del karma) acompaña al ente vital –que se fusiona con la gran vida del Universo– hasta el renacimiento, cuando se reagregan nuevos componentes físicos y espirituales. Así, todo ser vivo nace en un determinado lugar y en una determinada condición según el karma acumulado en existencias anteriores. Y sufre efectos derivados de acciones realizadas quién sabe cuándo. Frente a esto, ningún esfuerzo de investigación racional tendrá resultados. Por eso es importante tener un medio que te permita alcanzar y cambiar también ese karma, que de otro modo sería inmutable. *Nam myoho renge kyo* tiene este poder.

Es interesante observar cómo muchos filósofos de la antigua Grecia, desde Sócrates hasta Platón y Plotino, concibieron algo preexistente a nosotros que, en cierto sentido, elige y determina las condiciones en las que venimos a este mundo. Una fuerza que opera en la existencia y establece ciertas reglas, incluso antes de las influencias derivadas del entorno, los padres, la infancia... como un destino, un destino personal que siempre nos ha acompañado. Pero el pensamiento occidental moderno parece haber olvidado este concepto.

Por supuesto, existen diferentes concepciones filosóficas y religiosas de la naturaleza de la existencia y la muerte. El punto común de todas, incluido el budismo, es que ninguna puede proporcionar una prueba directa de lo que sucede después de la muerte. Entonces, en lugar de comparar las diversas teorías, probablemente sea mucho más útil preguntarse qué tipo de influencia tienen en la vida real del ser humano, cuál de ellas lo hace más o menos fuerte, más feliz o infeliz.

El budismo enseña que la vida es eterna, porque continúa más allá del pasado, el presente y el futuro. Como dice Alan Watts, un estudioso de la filosofía oriental:

> Si te despiertas de la ilusión y entiendes que el negro implica el blanco, el yo implica el otro, la vida implica la muerte (o, debería decir, ¿la muerte incluye a la vida?), puedes comenzar a sentirte no como un extraño en este mundo, no como algo que esté aquí a prueba, sino que puedes empezar a sentir tu propia existencia como absolutamente fundamental.[9]

Por eso es importante vivir el hoy lo mejor posible, elevar la propia existencia, mirándonos a nosotros mismos, porque la felicidad está ante todo en el propio estado vital.

---

9. Alan Watts, *Human Consciousness. Nature of Consciousness,* www.youtube.com/watch?v=zVgLJWr_2Kk e https://alanwatts.org/audio/

Pero la civilización moderna nos lleva a dirigir la mirada hacia el exterior. En la sociedad actual el concepto de muerte es algo que se evita en la medida de lo posible. Sólo así evitamos cultivar la plenitud de la vida: nos encontramos atrapados en la dimensión estresante de un presente imperfecto, perennemente inestable, aplastado entre preocupaciones por el futuro y pensamientos sobre el pasado.

En realidad, mantener a raya la idea de la muerte acaba por mantener a raya la vida. Una sociedad que olvida la muerte, en última instancia, olvida al ser humano y ciertamente no es capaz de ayudarlo en la búsqueda de la felicidad.

Como explica Zygmunt Bauman (un filósofo y sociólogo de nuestro tiempo), esta actitud trae consigo efectos secundarios:

> Además de la muerte, también estamos dejando de pensar en todos los valores a largo plazo, desde el planeta hasta las generaciones futuras. Y éste es un alto precio que pagamos para liberarnos del yugo del final... Es la conciencia del final lo que infunde cada momento anterior con un significado maravilloso. No tanto porque nos dé el sentido último de la vida, sino porque nos incita y nos obliga a llenar de sentido nuestra vida. Es esa conciencia la que nos empuja a buscar nuevos comienzos.[10]

---

10. Riccardo Staglianò, Bauman: *La vita? Una partita quotidiana con la morte*, «Il Venerdì di Repubblica», 12 de enero de 2016, www.repubblica.it/venerdi/interviste/2016/01/20/news/zygmunt_bauman_la_vita_una_partita_quotidiana_con_la_morte-131661947/

Mientras leía estas palabras, me di cuenta de que una parte de mí estaba divagando. Observé los rostros de los individuos sentados a mi alrededor: unas diez personas reunidas en aquella casa que se hallaba a un tiro de piedra de la mía. Parecían muy diferentes entre sí, en edad, estatus social, nivel de educación. Un grupo extraño. Aun así, todos practicaban budismo. En un rincón, un poco separado, había presenciado su oración. La recitación de *Nam myoho renge kyo*, como un coro rítmico. Y luego, siempre juntos, la lectura de un libreto que parecía una canción con palabras incomprensibles. Dudas, perplejidades y puro escepticismo se alternaban en mí. Pero también interés, curiosidad. Entonces empezamos a hablar. Antes de todas estas explicaciones, me habían dicho por qué lo hacían. Una chica de poco más de veinte años hablaba entusiasmada de cómo la enseñanza budista, a la que se había acercado por simple curiosidad, le había abierto nuevos horizontes en pocos meses: ideales de paz, compromiso social y medioambiental a perseguir; una razón para comprometerse en los desafíos de la vida, mirando hacia el futuro con una confianza que antes no conocía.

Un hombre de mediana edad se burló de la desgracia que siempre lo había perseguido en los negocios. El mundo parecía estar enojado con él: cualquier negocio que emprendía terminaba endeudado. Practicando había revolucionado su punto de vista y, en consecuencia, su manera de comportarse y actuar: ahora, decía, tenía un medio para cambiar las causas de su problema, en lugar de luchar para perseguir los efectos. Y, poco a poco, los resultados se habían hecho visibles.

El suyo era el tono fresco de alguien que siente que ha movido una roca.

Una mujer bastante mayor contó cómo la recitación le dio fuerzas suficientes para sobrellevar una enfermedad. Por supuesto, ella también se había curado a sí misma. Pero, en vez de resignarse como sus otras compañeras, había luchado y vencido, y ahora se sentía «como una niña llena de energía». Y debo decir que lo parecía. Incluso su matrimonio, tras años de declive y rutina, «renació».

Un hombre de unos cuarenta años llevaba practicando el budismo durante quince años y ciertamente, dijo, muchos aspectos de su vida todavía estaban lejos de ser correctos. Pero echar la vista atrás, no podía evitar regocijarse: la mejora había sido lenta pero constante, como un árbol que crece sin que nos demos cuenta día a día.

Una mujer bastante joven dijo, en cambio, que la suya siempre había sido una vida tranquila: una familia sin problemas particulares, un buen trabajo, un círculo de amigos; en teoría, no le faltaba nada. Pero había una sensación de vacío interior que comenzaba a abrirse camino, una incomodidad intangible. «Como si el corazón se me estuviera secando», fueron sus palabras. Así que lo había intentado, y hoy podía confirmar que *Nam myoho renge kyo* revitaliza la existencia: «Hay algo grande que crece en ti y cambia el sentido de la vida, las metas a alcanzar, la naturaleza de los deseos, el deseo de comprometerse con dar a los demás en lugar de pedir».

Otra persona contó en cinco minutos los últimos años de su vida: una lista de situaciones difíciles, conflictos emocionales que nunca se resolvían, el sufrimiento y enfermedad de un hijo, problemas económicos en cadena. Finalmente, intentó practicar el budismo, luchando por superar las dudas intelectuales y las creencias religiosas. Desde entonces se había dado una sucesión de sorprendentes hechos positivos, que me asombraban mientras los recitaba, por tan imposibles que parecían. Ahora, dijo, estaba segura de que ningún problema en el futuro sería insuperable.

Parecía que todos tenían algún resultado que contarme. Experiencias concretas. Así, decían, nació su fe. Y siguieron experimentando, confirmando los resultados. Me parecieron personas «reales», genuinas. Su entusiasmo, su convicción, más allá de las palabras, me atrajo: había en ellas una calidez, un optimismo sereno, una energía, algo tranquilizador. Una nueva sensación que me había llegado muy adentro. Y las explicaciones teóricas, las razones del funcionamiento de esta práctica, parecían todo menos descabelladas...

¿Y si realmente funcionaba? Pero no, no podía pasar de la nada a recitar frases místicas. Volví a escuchar la explicación teórica. Pero inmediatamente interrumpí la conversación: «Sí, es hermoso lo que dices. Sin embargo, la única manera de saber si es verdad es intentarlo...».

Por supuesto. Podríamos hablar durante todo un año, leer decenas de libros y tratados filosóficos, comparar las diferentes concepciones de la existencia. Pero siempre te quedarías con la duda. Lo importante es comprobar concretamente todo lo dicho, de lo contrario siempre serán teorías. No cuesta nada intentarlo, sólo un poco de tiempo que dedicar a ello. No hay sesiones de pago o cursos a seguir. Todos los que ya lo hacen están a tu disposición para echarte una mano: no se practica el budismo sólo para uno mismo.

Ciertamente todos tienen algún aspecto de su vida que les gustaría cambiar, mejorar. Un problema por resolver, algo que duele, un miedo que bloquea, alguna insatisfacción que perturba, un deseo, un sueño por cumplir, una enfermedad que superar. Esta práctica sirve para mejorar la propia vida: no es un ejercicio intelectual. No importa cuántos problemas o sufrimientos tengamos: la vida se hace más fuerte, y somos capaces de superar cualquier obstáculo. La mejor manera de acercarse al budismo es desafiarlo, probarlo con objetivos concretos que verificar. Pero, como con todos los desafíos, también hay reglas a seguir. Si no lo intentas correctamente, al menos durante unos meses (ya que no estamos hablando de magia o de milagros), después será inútil quejarte de que no funcionó.

LA PRÁCTICA EN PRÁCTICA

Lo primero, parte fundamental de la práctica, es la recitación de *Nam myoho renge kyo*, que debe hacerse con un ritmo dinámico: enérgico pero no frenético, tranquilo pero no soporífero. En cierto modo es como cantar, y se le debe dar un ritmo cómodo y natural. La voz debe ser lo suficientemente alta, siempre y cuando no moleste a nadie alrededor. Se puede hacer solo y, cuando surja la oportunidad, en compañía. Lo importante es recitar todos los días si es posible, tratando de dedicarle el mayor tiempo posible constantemente, repartiéndolo quizá un poco por la mañana y un poco por la noche. Aunque no hay una indicación concreta sobre el tiempo a dedicarle, hay un antiguo adagio budista que parece haber nacido precisamente para responder a la clásica objeción «pero no tengo tiempo»: «Debes sentarte en meditación durante veinte minutos al día. A menos que estés demasiado ocupado, en cuyo caso deberás hacerlo durante una hora».

En el transcurso de la recitación es normal que la mente divague, siguiendo el curso de los pensamientos que afloran continuamente. Sin embargo, debemos intentar no distraernos demasiado, quizá concentrándonos en el sonido, en el ritmo, más que en pensar en los objetivos a alcanzar (que ya deberíamos conocer bien sin necesidad de repetirlos). La recitación es oración, por lo que hay que afrontarla con cierta seriedad y solemnidad, manteniendo una actitud digna y dedicándole un espacio exclusivo de nuestra jornada para favorecer el recogimiento. Por ejemplo, actuar acostado en la cama o mientras se lavan los platos no es muy bueno para la concentración.

> La palabra «oración» me llamó la atención: «Pero, entonces, estamos hablando de una religión. En resumen, ¿qué es: una oración, una forma de meditación, un ejercicio de confianza en uno mismo».

Es una religión en la que, sin embargo, no se recurre a una entidad externa y superior. No pedimos, no rogamos a nadie que nos dé algo.

La oración es invocación: el medio para acceder a la Ley de la Vida dentro de cada uno de nosotros, a ese potencial oculto que, al emerger, aligera e ilumina la existencia.

Tomando prestadas las palabras de Gandhi, que no era budista:[11]

> [Cuando rezo] se puede decir que me pregunto a mí mismo, a mi yo superior, al Yo Verdadero con el que aún

11. En 1933, el monje japonés Nichidatsu Fujii viajó a la India para difundir las enseñanzas de Nichiren y conoció a Gandhi, quien desde entonces acogió la recitación *Nam myoho renge kyo* en sus oraciones y meditaciones. https://en.m.wikipedia.org/wiki/Nichidatsu_Fujii.

no he llegado a identificarme por completo... Aquella divinidad que está en cada uno de nosotros y en todo, animado o inanimado... El sentido de la oración es para mí la voluntad de evocar esta divinidad escondida en mí.[12]

Así que, si existe una «divinidad», ya está dentro de cada ser humano. La budeidad interior sólo necesita ser despertada. Al recitar, uno debe confiar sinceramente en su naturaleza iluminada. Invocarla con fuerza, esperanza, confianza, recordando que *Nam myoho renge kyo* es nuestra vida misma.

Otro aspecto de la práctica es la recitación de un folleto que contiene algunos pasajes del *Sutra del Loto*. De todas las enseñanzas (llamadas *sutras*, de hecho) impartidas por Siddhartha en el transcurso de más de cuarenta años de prédica, es precisamente en el *Sutra del Loto* donde Buda revela la existencia de una fuerza vital universal que genera, impregna y regula todos los fenómenos de la vida. Es un texto que revela el tesoro escondido de la vida, posee la calidez para animar a los que están tristes, e infunde el coraje para ahuyentar todo miedo.

Siddhartha (o Shakyamuni), iluminado con esta verdad que es la base de la vida, comenzó la difusión hace unos veinticinco siglos, muy consciente de que su enseñanza socavaría las convicciones fuertemente arraigadas en sus oyentes. Por lo tanto, decidió alcanzar su objetivo final, la revelación de la Ley del Universo, a través de una serie de

12. M. K. Gandhi: *Buddismo, Cristianesimo, Islamismo. Le mie considerazioni*, Newton Compton editori, Roma, 1993, pág. 29.

enseñanzas que fue adaptando de manera gradual al nivel de comprensión de sus discípulos.

Pero el *Sutra del Loto*, predicado por Shakyamuni en los últimos años de su vida y anunciado por la afirmación «Ahora expondré la Ley Suprema», contiene principios revolucionarios con respecto a las enseñanzas anteriores: en él la concepción de Buda como un simple ser histórico de quien seguir el ejemplo se supera.

Buda se revela ahora como un principio universal de alegría, libertad, compasión, igualdad, una poderosa condición positiva de vida presente en todas partes, y particularmente en la vida de cada ser humano.

Podría decirse que el *Sutra del Loto* es la primera «Declaración Universal de los Derechos Humanos» porque, al revolucionar la concepción común, afirma con fuerza la igualdad fundamental entre los seres humanos: cada individuo tiene el mismo potencial dentro de sí, por lo tanto puede llegar a ser feliz y contribuir a la prosperidad de la sociedad. Todo esto sin importar la condición actual, género, cultura o época.

Ésta es una enseñanza que nos lleva a la apasionante dimensión interior donde se anulan las diferencias entre el hombre y la fuerza del Universo. Una dimensión que es difícil de describir con palabras, porque transciende los conceptos ordinarios de espacio, tiempo, posible, imposible, bueno, malo. Superar los límites de nuestra mente para descender a las profundidades de la vida cósmica, donde lo imposible ya es posible, y el momento presente contiene el pasado y el futuro: el ahora es siempre, entonces, nunca, aquí también es cualquier lugar; el bien existe hasta en el peor de los males, como un veneno que se convierte en medicina. Así, uno despierta a la verdad de que todo el mundo es un Buda y que un cambio interior puede transformarlo todo.

Fue Nichiren, en Japón, en el año 1200, quien afirmó con firmeza que la esencia del budismo está contenida en el *Sutra del Loto*. En particular, en los capítulos segundo y decimosexto y, más aún, en el título: la síntesis suprema que contiene todos los significados en una sola frase. Como ya se ha mencionado, *Myoho Renge Kyo* es el título del *Sutra del Loto* en su versión china del año 406 d. C., generalmente reconocida como la más completa y autorizada de las muchas traducciones. Por eso la práctica del budismo de Nichiren incluye la recitación del título y los dos capítulos del Sutra. Estos últimos son como un poema, un himno a la vida que satisface, refresca y revitaliza nuestra alma, porque se canta en el lenguaje universal de Buda, el lenguaje que reconoce la budeidad en todos los seres humanos.

Por supuesto, es posible estudiar el significado del *sutra*, del cual hay traducciones y explicaciones precisas. Como ocurre con todos los principios del budismo, hay una gran cantidad de material disponible para aprender más sobre ellos. El estudio de la filosofía budista, además de la recitación, es parte integral de la práctica. No se trata de convertirse en eruditos, sino simplemente de entender mejor lo que uno hace, resolviendo dudas e incertidumbres, buscando soluciones a los problemas gracias a la milenaria sabiduría de esta religión. Es una brújula para orientarnos en el caos en el que estamos inmersos.

«Una hora más o menos de *Nam myoho renge kyo*, más la recitación de este libreto, que por cierto parece difícil de aprender... Además, estudiar... ¿Esta práctica no es un poco desafiante?».

Ciertamente lo es: se trata de desarrollar un potencial oculto para cambiar la vida de uno. Y eso no es un objetivo pequeño. Pero nadie tiene el poder de cambiar tu realidad por ti. Nuestro cuerpo necesita ser alimentado todos los días y más de una vez. Éste es el ritmo natural: no puedes comer con todo tu corazón durante tres días y luego ayunar durante un mes. El estado vital también funciona así: necesita nutrición constante.

La recitación del *sutra* debe hacerse posiblemente dos veces al día, combinada con la de *Nam myoho renge kyo*. No es difícil de aprender, sobre todo si aprovechas la ayuda de personas que ya lo practican. Una vez que te acostumbras, no se tarda más de cinco minutos.

En cuanto a la recitación de *Nam myoho renge kyo*, no hay un tiempo mínimo diario «obligatorio». Digamos que cuanto más lo hagas, mejor. Cuanto más correcto sea el enfoque, antes podrás ver el cambio. Pero eso no debe vivirse como una coacción, una carga, una práctica forzada. El sentido común y la flexibilidad siempre deben ser la base del budismo.

Por otro lado, las personas solemos quejarnos de que no tenemos tiempo, pero luego, cuando algo realmente nos interesa, nos fascina o nos preocupa, el tiempo para dedicarle aparece como por arte de magia.

En cuanto a la comprensión de las palabras del *sutra*, lo mismo se aplica a *Nam myoho renge kyo*. Son sonidos que activan la energía del Universo. Es inútil preocuparse demasiado por las teorías: estamos ante un ritmo natural.

Por otro lado, no respiramos gracias a haber entendido los complejos mecanismos de los pulmones, del oxígeno llevado a las células, etc. Simplemente lo hacemos. Un bebé que toma leche de su madre no se pregunta por qué eso lo hace crecer. Una «sabiduría» natural en él sabe que es lo correcto. ¿De qué le serviría esperar hasta el día en que entendiera todas las leyes de la biología?

Si esta práctica realmente nos pone en contacto con la ley que rige la vida, funciona aunque no lo creamos. La única posibilidad de salir de dudas, de una vez por todas, es verificar su funcionamiento.

«¿Y ese pergamino frente al cual has recitado primero qué representa?».

Se llama *Gohonzon*. Es una palabra japonesa, que podemos traducir como: «Objeto de devoción».

EL ESPEJO DE LA VIDA

La necesidad de tener un objeto de culto, de devoción, no es prerrogativa sólo de la religión. Cada uno de nosotros, de manera más o menos consciente, crea uno que, aunque sea abstracto y personal, cumple la misma función que el objeto de culto religioso: proporcionar un punto de referencia hacia el cual dirigir las propias ambiciones, esperanzas, deseos. Para algunos, la familia está por encima de todas las cosas. Otros anteponen la carrera, el dinero y el poder; o bienes materiales, un equipo de fútbol, animales, quizá un cantante... Un objeto de culto es aquello por lo que vivimos, sobre lo que basamos nuestra felicidad y que influye en todos los aspectos de nuestra vida. A menudo entendemos qué es este objeto sólo cuando lo perdemos: cuando nuestra pareja nos deja, cuando el dinero se esfuma, cuando la carrera se detiene. En el doloroso momento de la pérdida y la separación, nos damos cuenta de hasta qué punto hemos basado nuestra vida en algo externo a nosotros. El *Gohonzon* no es algo externo: no tiene nada que ver con ídolos o reliquias para ser adoradas o solicitadas…

Es un mandala, una imagen simbólica, en la que Nichiren, varios años después de haber proclamado su enseñanza, representó gráficamente la síntesis de la filosofía de la vida, la Ley del Universo presente en cada uno de nosotros, con *Nam myoho renge kyo* inscrito en el centro y todas las demás condiciones de vida.

Podría ser como un espejo que, sin embargo, en lugar de reflejar el aspecto físico, presenta la vida interior a la luz de los Diez Mundos, el Universo de los Tres Mil Mundos dentro de nosotros.

Es tal vez como una pintura, que a través de signos y colores manifiesta y transmite el estado de ánimo del pintor, llegando el estado de ánimo correspondiente dentro de nosotros. Nichiren inscribió el *Gohonzon* para cumplir el deseo de llevar a todos los seres humanos a la felicidad incluso después de la muerte.

Frente a un concepto aparentemente tan alejado de la visión occidental moderna, es significativo cómo Jung, hace unas décadas, llegó a hablar de imágenes de mandala: el símbolo del Yo, de la unión y la totalidad de la personalidad, que transciende el intelecto, reúne y libera energías. Poderosas imágenes simbólicas, por tanto, comunes a todo el género humano de todas las épocas.

Así, el *Gohonzon* representa una condición vital que ya existe en todas las personas. Nichiren dijo que estaba «perfectamente dotado», porque la vida de todos está perfectamente equipada con el potencial para ser feliz. Y es así como somos: ya tenemos todo lo que necesitamos dentro de nosotros mismos Por eso recomendó a sus discípulos:

Nunca busques este *Gohonzon* fuera de ti mismo. El *Gohonzon* existe sólo en nuestra carne, la de las personas corrientes que abrazamos el *Sutra del Loto* y recitamos *Nam myoho renge kyo.*[13]

---

13. *Raccolta degli scritti di Nichiren Daishonin*, Vol. 1, Instituto Budista Italiano Soka Gakkai, Florencia, 2008, pág. 7.

NOSOTROS Y LOS OTROS

Para que la oración manifieste sus efectos benéficos debe transformarse en acción. La mirada hacia el interior de uno mismo debe entonces volverse también hacia el exterior. La vida cambia concretamente cuando la naturaleza de nuestras acciones, es decir, las causas del karma, se transforma al liberarnos de las limitaciones del egoísmo. Los principios del budismo deben ponerse en práctica en la vida diaria. Sólo así la «herramienta» *Nam myoho renge kyo* puede resultar exitosa, extendiendo sus efectos en la red de relaciones de nuestro entorno. El *Sutra del Loto* y Nichiren enseñan a vivir mediante la observación serena la realidad desde la perspectiva de una condición de vida elevada, mientras que al mismo tiempo se involucran activamente en la reforma de la realidad. Quienes practican el budismo no lo hacen sólo por sí mismos. Sería una contradicción. La sabiduría que proviene del estado de vida debe transformarse en acciones compasivas. Uno es budista no sólo cuando reza, sino también en todos los aspectos de la vida diaria. Sin esta coherencia, sin la sinceridad del corazón, sin un alma «limpia», la práctica no proporcionará los efectos deseados.

Lo que queda grabado en el karma es la acción desinteresada y compasiva de ayudar a las personas a ser felices. Recitar *Nam myoho renge kyo* desarrolla este poder, que transforma a toda persona ordinaria en una gran persona. Entonces, todo el entorno que lo rodea responderá: la ley de causa y efecto a través de las tres mil condiciones en un instante hará de la persona un imán que atrae suerte y beneficios.

De ese modo, uno de los aspectos fundamentales de la enseñanza es lo que se denomina «práctica para los demás». Cuando sientes que esta cosa funciona dentro de ti, que está cambiándote la vida..., entonces, te sale naturalmente hablar de ello con los demás, difundir, compartir, tratar de hacerlos sentir lo mismo. De esta manera será posible hacer una contribución concreta a la mejora del planeta.

Entre los diversos movimientos que hacen referencia a las enseñanzas de Nichiren y que ahora están presentes en varios países –incluida Italia–, así como Japón,[14] en donde en las últimas décadas ha difundido más su mensaje en el mundo, de acuerdo con el principio de la «práctica para los demás» para fomentar la paz mundial, ha sido sin duda la organización secular Soka Gakkai International, dirigida por Daisaku Ikeda.

Convencido de que el diálogo es la clave para transcender las diversidades filosóficas, religiosas, políticas y culturales, Ikeda ha viajado por todo el mundo para dialogar con destacados jefes de estado y exponentes culturales, más allá

14. Para obtener una descripción general, consulta: https://cesnur.com/il-buddhismo-in-italia/altri-gruppi-nichiren/ y https://cesnur.com/il-buddhismo-in-italia/la-soka-gakkai/

de cualquier alineamiento político e ideológico. Autor prolífico y gran divulgador de la filosofía budista, sus libros han sido traducidos a muchos idiomas. Ha dictado conferencias en las universidades más prestigiosas del mundo y, en virtud de sus actividades en nombre de la paz y la cultura, ha recibido numerosos premios internacionales (incluido el Premio de la Paz de las Naciones Unidas), además de títulos y cátedras honoríficos de universidades de todo el mundo.

«El objetivo me parece muy bonito, pero también ambicioso. Ante el caos, los desastres ambientales, la contaminación, las guerras, las injusticias económicas, las epidemias, a menudo uno se siente abrumado por una sensación de impotencia. ¿Qué puedo hacer para mejorar el mundo? Y en última instancia, ¿qué puede hacer el budismo? ¿No es la vuestra una utopía idealista?».

EL MUNDO EN UN GRANO DE TRIGO

Es cierto que la situación mundial no es alegre. En los últimos siglos la humanidad ha vivido tres grandes revoluciones: la científica, la industrial y la tecnológica. Pero son todas revoluciones externas: el ser humano ha acumulado una inmensa cantidad de conocimientos, pero permanece sumido en una gran ignorancia espiritual. Hay una manifiesta falta de sabiduría para hacer un mejor uso de esos conocimientos. Una cosa parece segura: el progreso tecnológico-científico por sí solo no es suficiente para cambiar el destino del planeta. Lo que se necesita ahora es un renacimiento espiritual, una revolución del ser humano. Un progreso que esta vez comienza por un cambio profundo en el corazón de las personas.

En uno de sus tratados más importantes, *Adottare l'insegnamento corretto per la pace nel paese* (Adoptar la enseñanza correcta para la paz en el país), escrito en 1260, Nichiren afirma que los individuos, con sus mentes nubladas por las ilusiones a las que están apegados, continúan albergando conceptos erróneos: «El mundo de hoy en día en general da la espalda a lo que es correcto y todos indiscriminadamente siguen lo que es malo».[15]

Los tres venenos en el corazón del hombre –dice Nichiren– son la causa original de los desastres. La ira, la codicia y la estupidez producen acciones destructivas, que desde los individuos se propagan a gran escala. Da igual desde cuál se empiece, el resultado final no cambia: guerras, destrucción, desastres ambientales, hambrunas, pobreza, epidemias... en una cadena que se retroalimenta y se convierte en un círculo vicioso.

Y las cosas no se han visto mejor desde la época de Nichiren. De hecho, como señaló el psicólogo y sociólogo Erich Fromm en 1973, parece, en todo caso, que la destructividad humana se desarrolla a gran escala en la misma medida en que se desarrolla la civilización y, con ella, el papel del poder en todas sus formas. Y no es sólo una destructividad dirigida hacia el exterior.

Los progresos y las mejoras de las últimas décadas han sido todos de carácter material y físico, mientras que en la dimensión interior, la vida espiritual de la humanidad parece casi haberse reducido.

Para transformar el mundo, por tanto, hay que partir de uno mismo, transformar la propia condición espiritual. La

---

15. *Raccolta degli scritti di Nichiren Daishonin* (Colección de Escritos de Nichiren Daishonin), Vol. 1, Instituto Budista Italiano Soka Gakkai, Florencia, 2008, pág. 7.

recitación de *Nam myoho renge kyo* es el medio práctico y accesible para que todos revolucionen y purifiquen los Diez Mundos. Y, con ellos, los Tres Venenos y el karma. Para utilizar un eslogan querido por los ecologistas, si quieres cambiar las cosas, tienes que pensar globalmente, pero luego actuar localmente. Así que, el primer lugar donde «ponerse manos a la obra» es justo... dentro de nosotros.

A través de esta práctica se desarrollan las potencialidades positivas del ser humano: un elevado estado vital y una sabiduría iluminada, que a su vez influyen en la manera de pensar y, en última instancia, de actuar.

Por lo tanto, se hace posible crear a nuestro alrededor un movimiento basado en la cultura del budismo: paz, compasión, respeto por la vida y, por lo tanto, también por la naturaleza. Es la revolución humana del individuo, que hará sentir sus efectos concretos en la esfera de influencia de todos: nuestro pequeño mundo de la familia, las amistades, el trabajo, el entorno natural en el que nos movemos cada día... Si se aumentan a ritmo exponencial los Tres Venenos, con su carga de egoísmo, cinismo, sufrimiento, ilusiones, delirios consumistas, desesperanza... será posible contrarrestar la fuerza invencible de la vida universal: una ola de budeidad en la vida cotidiana.

Es la *lifefulness*, un concepto antiguo que se utiliza desde el año 1200. Significa «lleno de vitalidad» y también «que da, infunde vitalidad». Por lo tanto, «vitalidad» significa tener una vida llena de energía que calma y aligera. Una fuerza de vida interior que da alegría y coraje, y nos llena de esperanza. Pero también significa poder transmitir esta energía a quienes nos rodean, ayudar y apoyar a los demás con una influencia positiva. La vitalidad es la felicidad interior, la única que nadie nos puede quitar. Significa desarrollar una condición de vida interior que no se deja influir fácilmente por las circunstancias externas. Significa ser libre.

¿Utopía idealista?

Sin embargo, incluso en la más rigurosa y predecible de las ciencias, las matemáticas, puede haber resultados asombrosos. Una anécdota nos lo demuestra.

Ocurrió en la antigua Persia. El gran visir, consejero del rey, inventó un nuevo juego en el que los peones se movían sobre un tablero de ajedrez formado por sesenta y cuatro casillas: nació el ajedrez. El rey, entusiasmado, preguntó al gran visir qué quería como recompensa por su maravilloso invento. Era un hombre modesto, respondió, y por lo tanto se contentó con una recompensa modesta. Pidió que le dieran un grano de trigo por el primer cuadro del tablero, dos por el segundo, cuatro granos por el tercero y así sucesivamente, doblando el número cada vez, hasta llegar al último cuadro. Al rey le pareció una recompensa demasiado modesta: después de todo, era sólo un pequeño montón de trigo. Pero el gran visir, rechazando las ofertas de palacios y joyas, lo convenció.

Sin embargo, cuando comenzó la cuenta de los granos, el rey se llevó una amarga sorpresa. El número de granos, que al principio era limitado (1, 2, 4, 8, 16, 32, 64, 128, 256, 512, 1024…) cuando llegó a la casilla sesenta y cuatro se había vuelto colosal: había alcanzado la impresionante cifra de dieciocho trillones cuatrocientos cuarenta y seis mil setecientos cuarenta y cuatro billones setenta y tres mil setecientos nueve millones quinientos cincuenta y un mil seiscientos quince (es decir, 18.446.744.073.709.551.615, con un peso total de alrededor de 75 mil millones de toneladas. Aproximadamente la cosecha de 150 años de todos los campos de maíz de la Tierra.[16] Esto es matemática: se llama crecimiento exponencial.

De un solo grano de trigo a una enorme montaña. De un solo e infinitesimal instante de vida, a tres mil condiciones posibles. De una sola frase a la energía de todo el Universo. De una sola persona que aprende y atesora el arte de vivir se deriva un mundo mejor.

El concepto de «revolución humana» implica que el poder de transformar el medio ambiente reside en nuestro corazón.

Daisaku Ikeda escribe:

> La revolución humana de un solo individuo contribuirá a un cambio en el destino de una nación y, en última instancia, conducirá a un cambio en el destino de toda la humanidad.[17]

¿Qué te parece, quieres probar?

---

16. La historia se relata en Carl Sagan: *Miles de millones*, Punto de lectura, 2000.
17. Daisaku Ikeda. *The Human Revolution*, Esperia, Milán, 1993, pág. IV.

EPÍLOGO (VEINTE AÑOS DESPUÉS)

Este libro es la historia de mi primer encuentro con el budismo. Obviamente, hice de ello una ficción, porque en realidad el mío fue muy diferente...

El budismo de Nichiren llegó a Italia a fines de la década de 1960.

Yo lo conocí en 1981. Tenía casi 16 años y estaba perdido: mi vida ya estaba completamente desbaratada.

Lo que me salvó del precipicio fue aquella tarde de invierno. Mi profesor de saxofón (un chico de unos 25 años que obviamente a mí me parecía un anciano sabio) era practicante, y una tarde después de la clase me dijo: «Oye, siempre te veo enfadado y triste, ¿por qué no vienes conmigo mañana a una reunión budista? Puede que lo necesites...».

No tenía el menor deseo, pero en parte por respeto y en parte porque confiaba en él, decidí ir. Para estar seguro, arrastré a Piero, mi amigo de la infancia, conmigo: nunca se sabe.

Aquella tarde de invierno el profesor de saxofón nos llevó a una casona, en la que un salón estaba repleto de al menos una treintena de locos furiosos que, de rodillas, descalzos, al estilo japonés, con las manos juntas, recitaban a todo volumen una frase misteriosa haciendo vibrar hasta las paredes. Piero y yo salimos corriendo a los pocos minutos, e inmediatamente fuimos a por unas cervezas para recuperarnos.

Pero después de un tiempo, intrigados, lo intentamos de nuevo. Y ya nunca hemos parado desde entonces.

Lo que pasó en aquel segundo intento me sorprendió. Lentamente, esta práctica me causó un efecto parecido a como si una lucecita se encendiera dentro de mí, que finalmente iluminó un poco la oscuridad que había sentido en lo más profundo de mi alma durante algún tiempo. Y una gran energía vital positiva, a la que no estaba acostumbrado, comenzó a fluir a través de mí.

En ese momento, los pocos practicantes (algunos cientos en toda Italia) eran como pioneros comprometidos en un descubrimiento aventurero de territorios inexplorados. Así nos sentíamos: exploradores en un fascinante viaje hacia los misterios de la vida y la muerte, de la inmensidad del cosmos que se encierra enteramente en el alma humana. La profundidad de la enseñanza budista, con su asombrosa capacidad para explicar exactamente la mecánica de la vida, me dejó sin aliento. Era como revelar secretos constantemente.

En ese momento había un señor japonés que venía a explicarnos las cosas, Mitsuhiro Kaneda. Pero nadie podía pronunciar ese nombre («Mit-su… ¿qué?»), así que siempre fue solo «Kaneda». Había llegado a Italia en 1969, cuando era poco más que un treintañero sin dinero, con su joven esposa Kimiko y una idea fija en mente: difundir el budismo de Nichiren en Italia. Prácticamente un misionero laico, que no ha parado desde entonces.

Hacía todo tipo de trabajos para mantenerse y tan pronto como podía, desde Roma, recorría toda Italia para encontrarse con los pocos practicantes que había. Todo siempre a su costa. Sin pedir jamás un centavo a nadie, explicó los escritos de Nichiren, contó experiencias, pasó días enteros escuchando los problemas de todos, animó y dio consejos basados en la sabiduría del budismo. Siempre estaba disponible, y su casa siempre abierta, con Kimiko dándote la bienvenida con una gran sonrisa.

Delgado, siempre bien vestido y con gafas cuadradas muy a lo... japonés (y muy de los ochenta), Kaneda hablaba un italiano entrecortado y algo divertido, intercalado con largas pausas y sonrisas, donde saltaban aquí y allá verbos, artículos y adverbios. Rebeldes, o desaparecían, así como algunas consonantes. Lo llamábamos el «*kanédico*», un lenguaje un tanto extraño, pero que una vez captado abría la puerta a nuevos conocimientos.

Después de unos años de crecimiento algo atrofiado en el movimiento budista, una gran cantidad de jóvenes comenzaron a llegar a finales de los años setenta y ochenta. Gracias a algunos músicos estadounidenses practicantes (músicos de jazz famosos como Herbie Hancock y Wayne Shorter), el budismo comenzó a ser «muy interesante» entre los jóvenes músicos de jazz italianos.

Fue como una ola de entusiasmo, y en poco tiempo comenzó a extenderse por todas partes. En unos pocos años nos convertimos en miles y luego en decenas de miles. Se basaba en la escuela budista Nichiren Shoshu y la Soka Gakkai, el movimiento secular japonés liderado por Daisaku Ikeda, quien en 1975 había fundado la Soka Gakkai International para llevar los principios e ideales de paz del budismo de Nichiren a todos los países.

El entusiasmo era tal que, sin pensarlo mucho, empezamos a tomar actitudes japonesas, convencidos de que de alguna manera nos acercaríamos más rápido a la esencia de la enseñanza.

Por ejemplo, durante las reuniones para orar, recitar *Nam myoho renge kyo*, estudiar o discutir estábamos apretados como sardinas en los trasteros de la casa de alguien, todos de rodillas, en cuclillas y sin zapatos, según la muy incómoda tradición japonesa. Después de unos minutos nos quedábamos sin aire y obviamente todos teníamos la circulación bloqueada en las piernas. Pero nadie respiraba, ni siquiera cuando, después del encuentro, por fin podíamos movernos y enseguida llegaban los tremendos dolores en las piernas por la circulación que empezaba a fluir de nuevo...

También habíamos desarrollado una especie de jerga ítalo-japonesa con la que estudiábamos los principios budistas y nos expresábamos entre nosotros, dejando boquiabiertos a los recién llegados. Faltaba muy poco para que en lugar de decir «Hola», nos inclináramos con las manos juntas...

Además, creamos coros más o menos numerosos, vestidos con un uniforme especial, que en las reuniones más grandes entonaban canciones japonesas (que sonaban como un extraño híbrido entre un coro alpino, una marcha militar y una canción romántica de esas que escuchas en los restaurantes chinos)...

Organizamos convenciones de verano, cada vez más concurridas, con preparativos que llevaban meses. En el verano de 1984, un mega hotel de Roma fue literalmente ocupado durante tres días por 1500 budistas desatados, con un coro de 200 elementos y una orquesta con 30 músicos... La gran sala de conferencias retumbaba por los aplausos, resonaba con la recitación de *Nam myoho renge kyo* por 1500 voces, con música y canciones japonesas...

Kaneda observaba aquel celo nuestro con atención. Satisfecho, sí, pero siempre atento a limitar los excesos: a veces nos regañaba, incluso severamente, cuando demostrábamos actitudes propias de un samurái atolondrado...

«¡Aquí no es Japón!», nos reprendía en *kanédico*, mientras todos estábamos bien alineados, con la cabeza gacha, «tenéis que hacer un budismo para los italianos, acorde a vuestra cultura...».

Su gran deseo era, de hecho, crear una gran comunidad budista en Italia, pero con una identidad italiana. Deseo por el que siempre luchó, a pesar de algunas cejas enarcadas en Tokio, donde por momentos les costaba entender el espíritu italiano exuberante, desordenado y ruidoso.

Una de las características importantes del budismo es precisamente la del respeto. Por eso se difunde en los diversos países respetando su cultura, tradiciones y obviamente las normas y las leyes, actualizándose y adaptándose a los tiempos. El budismo no crea conflictos, no tiene que ser divisor.

Y el budismo de Nichiren que habíamos abrazado es aún más... inclusivo: completamente secular e inmerso en la vida cotidiana de la sociedad contemporánea, no prevé preceptos, restricciones o vestimentas particulares. El respeto, la educación, la coherencia y el uso del sentido común son las únicas reglas.

Poco a poco, después de la ola de jóvenes, personas de todas las edades y estilos de vida comenzaron a practicar con nosotros.

A las reuniones introductorias llegaban curiosos y escépticos, imaginaban que en algún lugar debía de haber una trampa, tal vez una solicitud de dinero. En cambio, abrumados por nuestro entusiasmo, a menudo comenzaban a practicar y traían a otras personas. Y, por supuesto, ningún requerimiento crematístico. Todas las actividades, el tiempo, el compromiso de la gente han sido siempre de carácter voluntario. Sólo más tarde, cuando el movimiento también se estructuró jurídicamente en forma de Asociación (AINS, Asociación Italiana de Nichiren Shoshu), los miembros adherentes tuvieron la oportunidad de hacer donaciones de dinero, pero siempre y obviamente de manera voluntaria.

La recitación de *Nam myoho renge kyo* no es un hecho mental: mueve algo muy dentro de ti. Es como si te abriera una puerta que no conocías y te sintieras regenerado, revitalizado, aligerado. Tienes ganas de sonreír. Esto es lo que te hace continuar.

A menudo la gente nos miraba un poco aturdida, precisamente porque sonreíamos mucho.

En ese movimiento de crecimiento había reuniones y actividades de todo tipo casi todas las noches, y ahora ya en toda Italia.

Los que venían con sus problemas siempre encontraban una calurosa acogida, estaban rodeados de gente sinceramente deseosa de echarles una mano, y salían de allí aliviados y con esperanza en el corazón. Abrumados por una especie de agitación que había en el aire, sentíamos que estábamos construyendo algo grande. Éste es uno de los poderes «milagrosos» de la práctica budista *Nam myoho renge kyo*: de ser una persona que pide ayuda, te conviertes en una dispuesta a apresurarse a ayudar a los demás.

Nos sentíamos como Bodhisattvas, aquellos que hacían el voto de ayudar a los demás propagando el budismo. Al igual que los Bodhisattvas de la Tierra descritos en el *Sutra del Loto*, las personas que vienen de la tierra, es decir, con los pies en la tierra, viven en medio de las impurezas de la vida cotidiana y, en el pasado lejano, en una vida anterior, hicieron un voto para ayudar a la gente a despertar. Una misión que por fin pueden cumplir hoy. Como los describe el *Sutra del Loto*:

> «Con firme fuerza de voluntad y concentración, buscan la sabiduría con constancia y diligencia, exponen varias doctrinas maravillosas... Hábiles en responder preguntas difíciles, sus mentes no conocen el miedo...».[18]

Sentíamos que teníamos una misión importante, un ideal a alcanzar. Después de todo, el asunto era muy simple: había que llevar la paz al mundo (debíamos «hacer *kosen rufu*», decíamos, porque obviamente utilizábamos una jerga mixta italiano-japonesa).

Por eso, todos los problemas eran inmediatamente redimensionados: había una misión mayor que cumplir. Era muy hermoso sentir que eras útil, que tenías una tarea im-

18. *Sutra del Loto*, Esperia Edizioni, Milán, 1998, págs. 289 y 292.

portante, después de deambular incómodamente durante mucho tiempo buscando ese algo que te faltaba, pero sin saber realmente qué era...

En ese momento era particularmente difícil obtener material para estudiar los principios básicos del budismo de Nichiren. En italiano no había prácticamente nada. Así que se hicieron traducciones más o menos artesanales de textos japoneses, mecanografiadas, mimeografiadas, fotocopiadas y distribuidas por una multitud de voluntarios «misioneros»... Entonces, en 1982, se fundó *El Nuevo Renacimiento*, el primer periódico oficial de lo que ahora ya se había convertido en una asociación (y más tarde, en un verdadero cuerpo de religión y culto reconocido por el Estado italiano en 2000 con el nombre de «Instituto Budista Italiano Soka Gakkai»).[19]

A esto le siguió, en 1986, el nacimiento de la otra publicación periódica *Duemilauno* (ahora *Buddismo & Società*). Pero lo que en mi opinión aún faltaba era un material que pudiera ser entregado a quienes se acercaban a aquello por primera vez; o para aquellos que simplemente tenían curiosidad por saber más.

Necesitábamos una introducción al budismo que fuera breve, clara y sencilla para todos, pero no superficial. No fotocopias dispersas de algunos artículos, sino un libro, un texto que fuera exhaustivo, completo. Empecé a soñar con escribirlo yo mismo.

Después de una larga gestación, finalmente me armé de valor y propuse mi idea: escribiría la introducción que falta-

19. En 2015 se firmó un acuerdo entre el Instituto Budista Italiano Soka Gakkai y la República Italiana, basado en el art. 8 de la Constitución.

ba. El proyecto fue recibido con entusiasmo: entonces comenzó la espera.

Todos me esperaban, y a partir de ese momento, las páginas en blanco, la pantalla en blanco del ordenador comenzó a acecharme.

No quería hablar sólo del budismo, sino de cómo estaba íntimamente conectado con la vida cotidiana, de cómo era una filosofía de vida en armonía con los principios universales del amor, la paz, la fraternidad; y que también estaba de acuerdo con los descubrimientos científicos más recientes.

No quería convencer a las personas para que practicaran, quería brindarles ideas para vivir mejor, aunque se quedaran con sus propias idea. No quería afirmar verdades, quería ayudar a los demás a sonreír, a sentirse más aligerados.

La enormidad de esa tarea me abrumaba. No sabía por dónde empezar. Fueron meses y meses de vacío total.

Para tratar de desbloquearme, deambulé por distintas bibliotecas durante horas, examinando todos los textos que me parecían potencialmente interesantes. Compré centenares de ellos, sólo para encontrarme en casa literalmente inundado de libros y cada vez más agobiado.

Buscaba la síntesis, la sencillez, lo esencial. Quería llegar al corazón. Pero para llegar ahí primero tuve que dedicarme a la lectura de una infinidad de libros voluminosos y complicados. Después de más meses de lectura, me sentí como alguien que tiene una resaca colosal, una indigestión y se le atasca el estómago. Un desastre.

Entonces, una noche, de repente una voz en mi cabeza comenzó a hablar. Prácticamente me dictó lo que se convirtió en el comienzo de *La felicidad aquí y ahora*. Estaba estupefacto. Empecé a escribir siguiendo el tono de esa voz, y durante meses no me detuve. Pasé cada minuto que tenía libre frente al ordenador, escuchando música en mis auriculares, aislado del resto del mundo como un ermitaño. Las ideas me llegaban incluso mientras dormía. Como un sonámbulo, me levantaba, las escribía y volvía a la cama.

Mi novia, Ewemade, con la que vivía desde hacía poco en un pequeño apartamento de dos habitaciones, me ayudó en todos los sentidos, sin sopesar nunca el hecho de que estaba total y constantemente perdido en otro planeta (que por otro lado le era completamente ajeno a una africana cristiana practicante que cantaba canciones de góspel mientras yo escribía). Demostración viva, ella, quien luego se convirtió en mi extraordinaria esposa y madre de nuestros cuatro hijos, de que estar unidos y compartir camino es posible más allá de cualquier diferencia.

La felicidad aquí y ahora fue publicado en septiembre del año 2001.

Desde entonces lo siguen comprando y regalando tanto budistas como no budistas.

Durante dos décadas ha sido uno de los principales medios de difusión del conocimiento del budismo de Nichiren en Italia. Y gracias al boca a boca, se ha convertido en cierto sentido en un fenómeno de masas, un libro de culto.

Hoy, después de veinte años, se edita en una nueva edición. En los últimos años, la revolución digital nos ha catapultado a una era sin fronteras donde los intercambios y la contaminación se dan de manera continua y en tiempo real. Ésta es una era que requiere apertura y confrontación. El budismo está vivo y, como la vida, cambia constantemente. Se adapta a los tiempos.

Y los tiempos requieren apertura. Por ejemplo, para ir más allá de las disputas doctrinales. Requieren compartir en lugar de dividir. La vida es mejor cuando puedes transcender, ir más allá, renunciar a algo; dialogar, en lugar de tratar de tener en todo momento la razón. Es algo que requiere coraje, pero siempre vale la pena.

Vivimos en una época en la que los que permanecen encerrados en sus propias posturas no participan de la velocidad del cambio, hecho de contaminación, deslocalización, flexibilidad... Y así corren el riesgo de no contribuir para ayudar a la gente. Porque se distancian de las personas, proponiendo un modelo que parece obsoleto.

En un período confuso en el que la incertidumbre parece ser la única certeza, es cada vez más importante hablar directamente al corazón, en lugar de a la mente.

Después de todo el tiempo transcurrido, este libro necesitaba algunos ajustes, alguna actualización. Pero la sustancia, la fórmula que ha logrado tanto éxito continúa siendo la misma. Y espero que, finalmente, sea traducido a otros idiomas para ser compartido en muchos países...

La felicidad aquí y ahora no es un libro para convertir a nadie. No es un libro para explicar qué está bien y qué está mal, no trata de convencer de que esto es mejor y lo otro peor.

No, es un libro que quiere difundir la visión budista de la vida, la paz y el amor. Una visión universal que, en su esencia, es común a todos los seres humanos. Porque, básicamente, el budismo explica cómo funciona la vida.

Así, este libro trata de hablar sobre cómo vivir mejor, de manera plena, independientemente de lo que creas. Intenta dar algunas respuestas a tu búsqueda interior, para que veas la vida desde otro punto de vista, enriquecer tu espiritualidad, echarte una mano, proporcionarte ideas para afrontar incluso los problemas de la vida cotidiana.

Si eres budista o no, en última instancia no importa. Lo importante es que puedas ser más feliz. Lo importante es que puedas dar y encontrar vitalidad, felicidad en este mundo. Todo lo demás es secundario.

Florencia, septiembre de 2021

Giuseppe Cloza

BIBLIOGRAFÍA

BEETHOVEN, L. V.: *Autobiografia di un genio. Lettere, pensieri, diari,* edición de Michele Porzio, Mondadori, Milán, 1996.

CAPRA, F.: *La rete della vita. Una nuova visione della natura e della scienza*, Sansoni, Milán, 1998.

—: *Il Tao della fisica*, Adelphi, Milán, 1982.

CAUSTON, R.: *The Buddha in daily life. An introduction to the Buddhism of Nichiren*, Rider, Londres, 1995.

DAISHONIN, N.: *Assicurare la pace nel paese attraverso l'adozione del vero Buddismo* (*Rissho Ankoku Ron*), edición de Tomohiro Matsuda, Esperia, Milán, 1991.

DAVIES, P.: *Sull'orlo dell'infinito*, Mondadori, Milán, 1985.

DOBBELAERE, K.: *La Soka Gakkai. Un movimento di laici diventa una religione*, Editrice ELLEDICI, Turín, 1999.

FROMM, E.: Anatomía de la destructividad humana, Siglo XXI, 1975.

—: La revolución de la esperanza, Fondo de Cultura Económica, 1984.

—: El miedo a la libertad, Ediciones Paidós Ibérica, 2000.

GALTUNG, J. e IKEDA, D.: *Scegliere la pace*, Esperia, Milán, 1996.

GALTUNG, J.: *I diritti umani in un'altra chiave*, Esperia, Milán, 1997.
GANDHI, M. K.: *Buddismo, Cristianesimo, Islamismo. Le mie considerazioni*, Newton Compton editori, Roma, 1993.
GLEICK, J.: *Caos: La creación de una ciencia*, Crítica, Barcelona, 2012.
Gli scritti di Nichiren Daishonin, Vol. 1-9, Instituto Budista Italiano Soka Gakkai, Florencia, 1991-2000.
GORBACIOV, M. e IKEDA, D.: *Le nostre vie si incontrano all'orizzonte*, Sperling & Kupfer, Milán, 2000.
GREENE, B.: *El universo elegante*, Booket, 2012.
HAWKING, S.: *Historia del tiempo: Del Big Bang a los agujeros negros*, Alianza Editorial, Madrid, 2011.
HILLMAN, J., con RONCHEY, S.: *L'anima del mondo*, Rizzoli, Milán, 1999.
HOYLE, F.: *L'universo intelligente*, Mondadori, Milán, 1985.
IKEDA, D.; KIGUCHI, M. y SHIMURA, E.: *Buddhism and the cosmos*, Macdonald & co., Londres, 1985.
IKEDA, D.: «Mahayana Buddhism and Twenty-first Century Civilization», texto de la conferencia en la Universidad de Harvard (Boston), del 24 septiembre de 1993, Soka Gakkai International, Tokio, 1993.
—: *Gli eterni insegnamenti di Nichiren Daishonin*, Esperia, Milán, 1997.
—: *I capitoli Hoben e Juryo. Lezioni sui capitoli II e XVI del Sutra del Loto,* Esperia, Milán, 1999.
—: *La saggezza del Sutra del Loto*, vol. 1, Esperia, Milán, 1999.
—: *La Vita, mistero prezioso*, Bompiani, Milán, 1991.
IKEDA, D. y PECCEI, A.: *Campanello d'allarme per il* XXI *secolo*, Bompiani, Milán, 1985.

IKEDA, D. y TOYNBEE, A.: *Dialoghi. L'uomo deve scegliere*, Bompiani, Milán, 1988.

IKEDA, D.: *I misteri di nascita e morte. La visione buddista della vita*, Esperia, Milán, 1998.

JUNG, C. G.: Psicología analítica, La Otra H, 2018.

—: *La psicología de la transferencia*, Ediciones Paidós, 1983.

MACIOTI, M. I.: *Il Buddha che è in noi*, Edizioni SEAM, Roma, 1996.

MICHELI, C. (ed.): *Il Buddismo di Nichiren Daishonin. Profilo storico e principi fondamentali*, Esperia, Milán, 1997.

MINGANTI, R.: *Buddismo*, Giunti Gruppo Editoriale, Florencia, 1996.

MYOREN: *El Sutra del Loto*, CreateSpace Independent Publishing Platform, 2017.

NEBBIA, G.: *Lo sviluppo sostenibile*, Edizioni Cultura della pace, Florencia, 1991.

PIERI, P. F.: *Dizionario Junghiano*, Bollati Boringhieri, Turín, 1998.

Raccolta degli scritti di Nichiren Daishonin, Vol. 1, Instituto Budista Italiano Soka Gakkai, Florencia, 2008.

Raccolta degli scritti di Nichiren Daishonin, Vol. 2, Instituto Budista Italiano Soka Gakkai, Florencia, 2013.

RUSSELL, B.: *Historia de la filosofía occidental*, Austral, Barcelona, 2010.

SAGAN, C.: *Miles de millones*, Punto de lectura, 2000.

TOMATIS, A.: *Ascoltare l'universo*, Baldini & Castoldi, Milán, 1998.

WILSON, B. y DOBBELAERE, K.: *A time to chant. The Soka Gakkai Buddhists in Britain*, Clarendon Press, Oxford, 1994.

Índice